教養としての武士道

世界のビジネスエリートが熱くなる

安藤聖笙
剣舞アーティスト
一般社団法人日本伝統文化伝承プラットフォーム理事

自由国民社

世界中の人を
魅了する
日本の武士道

ビジネスモデルコンペティション2018東海北陸ラウンドにて。
伝統文化という成熟業界にイノベーションを起こすために語る
Talking about innovating in the mature industry of traditional culture in the 2018 Tokai−Hokuriku Round of the Japan Business Model Competition.

武士のように熱く語る
Speaking with passion like a true samurai.

留学生向けパーティーでの演舞で、抜刀
Drawing the sword during a performance at a party for international students.

刀に精神を乗り移らせて、切り払う
Transferring his spirit into the sword as he wields the blade.

留学生パーティーで、パフォーマンス後、
参加者から熱心に質問を受ける
Fielding questions from eager participants after a performance at a party for international students.

参加者とフォトセッション　日本文化に触れて笑顔あふれる
A photo session with a participant who was delighted to come into direct contact with Japanese culture.

留学生ウェルカムパーティーのひとこま。
日本刀の持ち方を教えて、記念写真を撮影
A commemorative photograph captures a moment from a welcome party for international students where participants were taught how to grip a Japanese sword for this picture.

剣舞を披露した後、質問に答える。
日本刀を使う時の身体の使い方、足の運び方に興味津々
Answered questions after demonstrating a sword dance. The student expressed a keen interest in how to use her body and move her feet when using a Japanese sword.

詩吟を詠う「吟詠家」と

Performing alongside a reciter reciting shigin (Japanese poem or Chinese poem read in Japanese that is usually chanted during a recitation).

打楽器奏者とのコラボレーション

Collaborating with a percussionist.

写真撮影用に顔が見えるポーズにアレンジ
Striking a pose to clearly show the face specifically for a photo shoot.

武道武術や伝統芸能で重要なのは、背中の美しさ
The beauty of the practitioner's back is a focal point in martial arts and traditional performing arts.

はじめに

武士・侍《さむらい》がこの世に存在しなくなって、すでに150年以上が経っています。
それでも私たちは、野球の日本代表を「侍ジャパン」と呼び熱烈に応援したり、サッカー日本代表のチームカラーである「SAMURAI　BLUE（サムライ・ブルー）」を身にまとった選手たちを、熱烈に応援したりします。

なぜ侍を日本代表に重ね合わせ、エールを送るのでしょうか。

私はその理由を、多くの人々が侍という存在を、心のどこかで日本を代表する存在として認識し、そこにある「強さ」や「高い精神性」を尊いものと感じているからではないか、と考えています。

言い換えれば、強さを求めて修練を重ねていることと、尊敬できるような振る舞いをする人であることを、現代日本では「侍」と呼ぶようになっている、とも言えます。

また、世界でも侍や武士は人気があります。

そもそも武士の精神を広く世界に発信した書物『Bushido：The Soul of Japan』は、新渡戸稲造によって英語で書かれ、1900年にアメリカで出版されました。数年の内に、ドイツ語、フランス語、イタリア語、ロシア語などに翻訳され、世界中で読まれました。日本語版『武士道』は、1908年（明治41年）に日本で出版されています。

つまり『武士道』は、日本人より先に、世界中の多くの人々に読まれ、アメリカ大統領のセオドア・ルーズベルトもこの本を読み、その思想に共感していたと言われています。

現在では、スポーツの国際試合で日本代表が活躍すると、多くの海外メディアは「ＳＡＭＵＲＡＩ」とその勇姿を讃えますが、それは侍や武士が持つ精神性や美意識が世界でも評価されている証なのではないでしょうか？

この本は、侍の精神基盤である武士道の入門書です。特にこれから世界と渡り合うビジネスパーソンに、武士道の基本を分かりやすく伝えるために書いていきます。

私は武士道を体現する伝統アートである「剣舞《けんぶ》」を通じて40年以上、武士道を考えてきました。

「剣舞」とは、かつての武士たちが残した漢詩や和歌、武士たちが教養の源とした中国古典を題材とし、紋付き袴という武士の装束で日本刀を持ち、武道を基礎とした動きを持つ舞であり、伝統芸術です。

武士の歴史や武士の精神性・人間性を表現し、武士道を体現した伝統芸術として現代に受け継がれています。

私は剣舞を通じて武士道と向き合うことで、血なまぐさいけれど人間味もあり、厳しさもあるけれど愛にもあふれる、心豊かで愛すべき武士・侍たちにたくさん出会ってきました。武士道から得た学びには、自らの心を豊かにするだけでなく、時にはリーダー学や人間学として、現代のビジネス社会にも十分通用するような教訓が多く含まれていたのです。

武士はもともと平安時代に生まれました。**最初は戦うことを生業の一つとしていましたが、やがて歴史の表舞台に立ち、日本を支配しリードする存在となりました。**

そういった歴史から、武士道は戦闘者としての強さ、そして「やさしさ」「もののあはれ」「わびさび」等を重んじる豊かな感受性の両方を求めています。それらのような素養を兼ね備えていることを、真の意味で文武両道と言い、武士道が求めてきた姿なのです。

武士道と言えば、新渡戸稲造による名著『武士道』が最も有名ですが、そこに描かれた武士道は、道徳的な内容が多いものでした。しかし元来武士道は「戦闘者の道徳」として武士たちが育んできたもので、**戦うことから日常の振る舞いまでの幅広い領域に及ぶものです。**

ですから本書では、武士道という言葉が初めて使われたとされる『甲陽軍鑑』や、「武士道と云うは、死ぬことと見つけたり。」というフレーズで有名な『葉隠』、伝説的な剣士である宮本武蔵が書いたとされる『五輪書』など、武士道に強い影響を与えてきた多くの書物から、幅広く多面的に学んでいくこととしています。

そして多面的に学んでいくことで、外国の方々が愛する武士道を余すところなく理解することができるのではないかと考えています。

世界で戦う日本代表の皆さまに、本書が少しでもお役に立つことができれば、これ以上ない幸せです。

世界のビジネスエリートが熱くなる 教養としての武士道

【目次】

第1章 外国人が知りたい！ 日本の〝Bushido〟

第2章 これだけは知っておきたい日本の伝統精神「武士道」

第3章 なぜ、世界のエリートは武士道に注目するのか

第4章 ビジネスや日常に活かしたい武士道の教え

第5章 統率力と共感力を兼ね備えたビジネスリーダーになるための武士道の教え

第6章 知っていると一目置かれる武士道の装束・道具

第7章 さらに武士道を深める

第1章

外国人が知りたい！
日本の〝Bushido〟

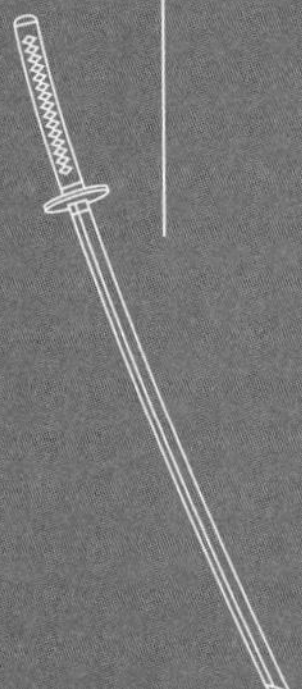

外国人からの質問1

「武士」と「侍」は違うの？

「武士」と「侍」は、現代ではほとんど同じ意味で使われる言葉です。

武士とは、武芸を身に付け戦うことを職業とした人、すなわち戦闘者を指して言います。

「武」を生業とする戦闘の専門家であり、弓術や馬術、そして剣術に優れることを特徴としています。

「武士」と書いて「もののふ」と読む場合もありますが、意味は同じです。

「侍」とは、武士の中でも特別な身分で、貴族や幕府に仕える主君がいる武士を指していました。「騎馬戦闘を行う資格を有する」武士のことを、「侍」と呼んだ、という説もあります。

つまり**「侍」は、武士の中でも上位の位置づけ**となる存在でした。

例えば、下級武士という言い方はよく聞きますが、下級侍という言い方は聞いたことがありません。侍は武士の中でも上級で特別な存在ですから、下級であるということはありえないので、下級侍とは言わないのです。

平安時代に武士という存在が世に出てから、「武士」と「侍」には違いがありましたが、やがて江戸時代という平和な時代に入り、多くの武士が幕府に仕えるようになると、「武士」と「侍」にほとんど違いが無くなり、同じ意味となっていった、と言われています。

次に、語源から、さらにその違いを見てみましょう。

「武士」のうち、「武」は、「戈《ほこ》」と「止」を組み合わせてできています。

「戈」は長い柄の先に鉤形の両刃が付いた武器を表しています。

意外なのは、「止」です。現代で言えば、「とめる」「とどまる」と読めますが、もともとは足裏を表した象形文字で「歩く・進む・走る」という意味を持っています。

「武」の場合の「止」は、後者の「歩く・進む・走る」という意味で使われています。

つまり、**「武」は、「戈を持って足で進むこと」、つまり「戦う・攻める」**という意味となるのです。

「士」という漢字は、男性器の象形から転じて成人男性を指します。現代でも弁護士など、特定の専門職能を示す言葉として使われる漢字です。

あわせて、**「武士」とは「戦うことを専門職能として持つ者」**という意味となります。

侍の語源は「候ふ・さぶらう」から来ています。もともとは、奈良時代以前の「見守る・様子をうかがう」ことを意味する「もる（守る）」という言葉にまでさかのぼることができます。

「もる」は時間の経過と共に、「食う→食らう」と変化したように、「もる→もらふ」と変化し、さらに接頭語である「さ」が付いて、「もらふ→さもらふ」と変化しました。

「さもらふ」は、平安時代には「貴人を見守って仕える」という意味で「さぶらふ・さむらふ」と変化しました。

鎌倉時代から室町時代にかけては、「さぶらひ」から「さぶらい」と変化し、やがて室町時代から戦国時代にかけて「さぶらい」が「さむらい」に変化し、武人だけに限らず、貴人に仕えた職能者全般を指していました。

武をもって仕える人の意味として定着したのは、安土桃山時代から江戸時代にかけてのこと、という説もあります。

まとめると、

もる（守る）↓もらふ↓さもらふ↓さぶらふ・さむらふ↓さぶらひ↓さむらい

と長い時間をかけて徐々に変化して、

「見守る・様子をうかがう」↓「貴人を見守り、お仕えする」↓「武をもって仕える武士」

といった変化を遂げ、「侍」となったのです。

語源から見ると、

「侍」は、貴人に仕え見守る職能者であって、武士とは限らない。

「武士」は武をもって生きる者で、必ずしも主君に仕えているのではない。

ですから、「侍は、武士の中でも貴人に仕える上位階級の存在である」と言え、

現代では、ほとんどその意味は同じとして扱われています。

外国人からの質問2

「武士はどういう人たちだったの？何をしていた人たちだったの？」

時代によって武士の位置づけには少しずつ違いがありますし、諸説ありますが、あくまでも私の考え方ということで、受け止めていただけたらと思います。

武士たちは、三つの在り方に分けることができます。

①いざという時は戦いに出るが、日常は農業に励む
②貴人に仕え護衛や兵士として、戦うことを生業とする
③自らが支配者・リーダーとなって戦いながら領土を守り増やす支配者

いわゆる下級武士の中には、①のように、いざという時には武士として戦うが、日常的には農業に励んでいる場合がありました。

②は、武士であること自体が職業となっていて、戦うことと引き換えに生計を立てていました。

③では、武士は社会的な上位階層に存在し、国や地域を治める支配者層として君臨した、という姿です。特に戦いのない平和な時代となった江戸時代には、武士が支配階級として上級官僚のような形で、幕府や藩を運営する役割を担っていました。

まとめると、「武士は何をしていた人か？」に答えるならば、招集に応じて戦うか、日常的に戦うことと、国や地域を治めることを仕事とした人たちだった、と言えます。

ですから、武士道には様々な側面があります。武士が戦闘者として戦いに勝つための様々な教えの体系や、戦いに勝つための戦略体系、国や地域を治めるリーダーとしての在り方や考え方が説かれ、さらには武士が守るべき、リーダーにふさわしい規範や道徳的な教えとして、歴史の長い時間を経て残り、形になってきたと言えます。

外国人からの質問3

「武士はなぜ切腹するの？」

切腹とは、自ら腹を切り、自殺する方法ですが、武士も決して好き好んで切腹したわけではありません。

一説には、切腹が武士の自殺の方法となった起源は平安時代で、定着したのは鎌倉時代だと言われています。

当時、勇敢さを誇ることを名誉としていた武士にとって、むしろ苦痛が大きい自殺の方法であるからこそ評価され、切腹によって文字通り**腹の内にある誠意を見せる**という方法が定着していったと伝わっています。

ただし戦国時代までは、例えば主君が家臣に切腹を命じたとしても、素直に応じることばかりではなく、それをきっかけに裏切るようなこともあったようです。

戦が無くなり、２６０年にわたった江戸時代には、切腹の意味は大きく変貌を遂げます。**「自らを犠牲にしても、絶対に主君を守る」**ために切腹するようになったのです。

新渡戸稲造も『武士道』の中で切腹について、その考えを述べています。

「身体の中で特にこの部分を選んで切るのは、その部分が霊魂と愛情の宿るところであるという古い解剖学の信念にもとづいていたのである。」（『武士道』奈良本辰也訳　三笠書房１０９ページ）

つまり、切腹による武士の死には様々な意味が込められるが、その根本は腹の内を見せることに、武士が本当に心の底から伝えたいことを死に際に伝えるという意味を持たせたと言えます。

そこにはどんな意味があったのか。様々なケースがありますが、キーワードとしてよく言われるのは、（忠誠に伴う）責任感や誠意、ほんとうの真心、自らの死を以て示す潔白などです。

つまり、武士としての理想的な価値観や考え方に照らして、命を懸けてメッセージを訴えかけることが、切腹の本当の意味になります。

ですから切腹の中には、主君に対して進言したけれども、聞き入れられない時、それでも切腹して一命を賭して強く訴えかけるケースもありました。

また別の一面として、**切腹は武士にだけ許されたもの**でした。

それは武士が支配階級であり、自らの出処進退を自分で決めることができるほど道徳や倫理観が備わった尊い存在である、という考えからきています。

ですから武士ではなかった千利休（わび茶を完成させた茶人、豊臣秀吉に茶頭として仕えた）が切腹を命じられたことには大きな意味があり、千利休が単なる文化人ではなかったことを示したと言われます。

切腹一つにも、深い意味があり、その意味を解釈すると武士が理想とした価値観や世界観が浮かび上がってくるのです。

外国人からの質問4

「武士の動作はなぜ美しいの？」

日本という国を治めるリーダーとして君臨するようになってから、武士の教養は文武両道、すなわち教養を基盤とした知恵と、いざという時に戦い勝つことができる武力、個人レベルでは武道武術を身に付けていることが必要でした。

武士の教養はもともと漢文が基礎でした。

今でも日本人に最も人気が高い、もともと漢文で書かれた書に**「論語《ろんご》」**があります。

他にも、最も有名で代表的な書籍群の名称として、**「四書五経」**があります。

この中に「詩経」がありますが、これは漢詩の素養を教えてくれます。また他にも芸術的な素養が、武士の基礎教養になっていました。

つまり、もともと国を率いるリーダーたる武士の教養には、現代でいう芸術分野の素養が含まれていて、芸術家として優秀であるかどうかまでは別としても、**一定レベルの芸術を理解でき、自らも詩や歌を書くことができるレベルであることが、必須**となっていました。

学問の中に芸術的な「美」を創造したり、創造された「美」の真贋（本物であるか）を見極める目を持つことが大切だったのです。

この美への感性が、いざとなれば戦いに参加せねばならず、いつ命を落とすか分からない存在でもある武士の「もののあはれ」という価値観を生み出し、茶道でいう「わび・さび」の境地を愛する心を作り上げてきたとも言えるのです。

一方で、武の素養として武道武術（昔は武芸一般）を身に付ける過程では、その動きを修練し身体を鍛え上げ、屈強な戦士としての肉体と技を磨き上げていきました。

とはいえ、日本の武道武術は、頑強な筋肉だけに頼るのではなく、「柔よく剛を制す」というように、合理的で美しい柔軟な動きが、剛力だけに頼る武人を凌ぐ、ということに大きな価値を見出しています。
つまり、強い力だけでなく、柔軟で美しいという繊細な技にこそ、最大の価値があると考える傾向がありました。

武道武術における美しさとは何か。

それは、人間という生き物の身体を合理的に使い、無駄な動きを排除し、最小限の動きで武を達成できるような動きのことです。

典型的な例は、イチロー選手なのかもしれません。
屈強な肉体を極限にまで鍛え上げた大リーガーを相手に、しなやかな動きでヒットを量産する姿は、まさに「柔よく剛を制す」を体現していて、その動きは本当に美しいものでした。

脱力の姿勢から、いざとなると、一気に力を込めたり、爆発させる動作に、一瞬で変化する。肩関節や背中、そして股関節は、非常に柔軟性に富み、力を籠める動作のぎりぎり直前までリラックスした状態を保ち、力を籠める一瞬にすべてのパワーを爆発させる。

そんなイチロー選手のバッティングフォームや、外野から内野への返球動作には、美しいとしか表現しようがないしなやかさが宿っているのです。

外国人からの質問5

「日本刀はなぜ引いた時に切れるのか？」

日本刀は、刃の片方だけが切れる〝片刃の構造〟をしています。

武器としての刀剣には、両刃の構造のものもあり、どちらかと言えば刺突（突き刺すこと）を中心とした使用を前提としている、と言われます。

一方、片刃は斬撃（斬り付けること）に強い構造となっています。これは、平安期に日本における戦闘が騎馬戦にシフトしたことから、馬上からすれ違いざまに引き切るのに適した形として、片刃の構造に変化し、日本刀は片刃がほとんどとなったと言われています。

また日本刀は、片刃であることから刃のついていない峰側に十分な厚み・重みを付けることができます。これにより、遠心力を活かして、引き切るように斬り付けることが可能となります。ですから、両刃の刀剣に比べて切れ味の点で上回ります。

反対に、両刃は刃を返さなくても次の攻撃ができるので、攻撃の素早さでは分があると言えます。

また平安時代に武士が台頭して、馬に乗って戦う時、

▼**素早く鞘から抜く**
▼**振り下ろす**
▼**引き切る**

といった動作が自然の流れで行えるように、反りが入るようになりました。
また、反りが入ることで、切った瞬間の反動を和らげる効果も生まれました。

刀身（断面図）

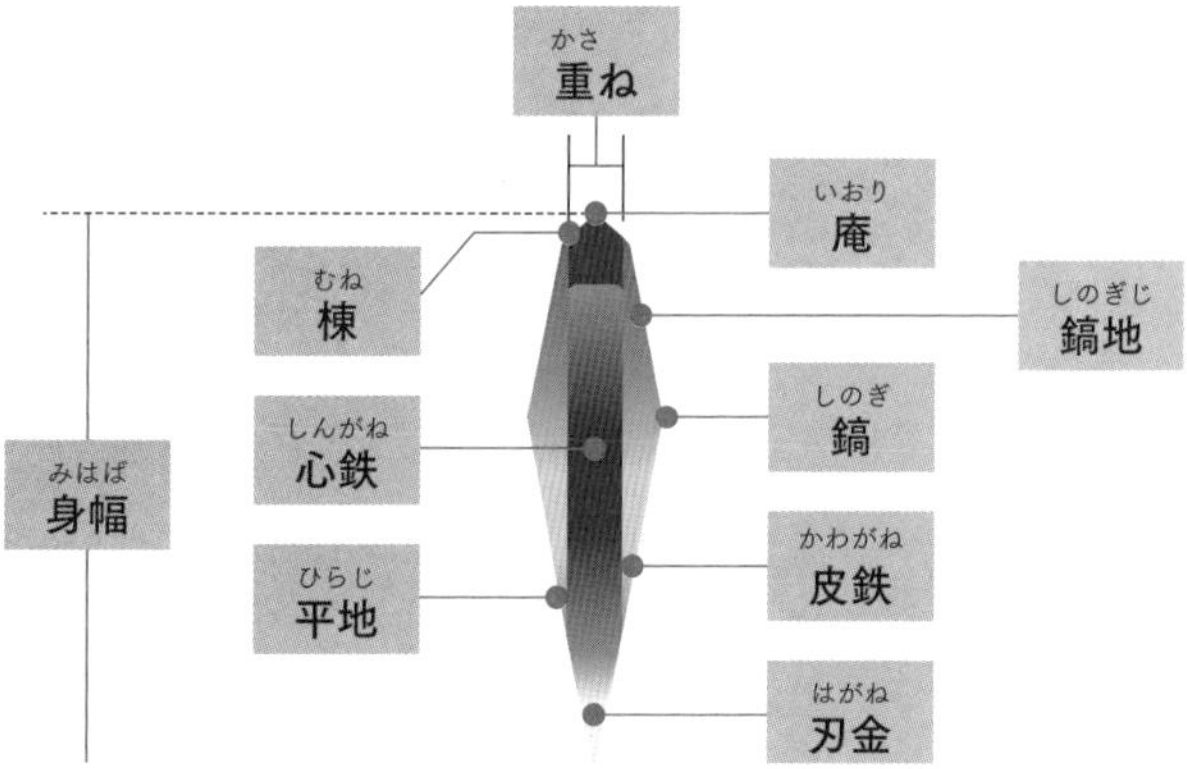
重《かさ》ね
庵《いおり》
棟《むね》
鎬地《しのぎじ》
鎬《しのぎ》
心鉄《しんがね》
身幅《みはば》
皮鉄《かわがね》
平地《ひらじ》
刃金《はがね》

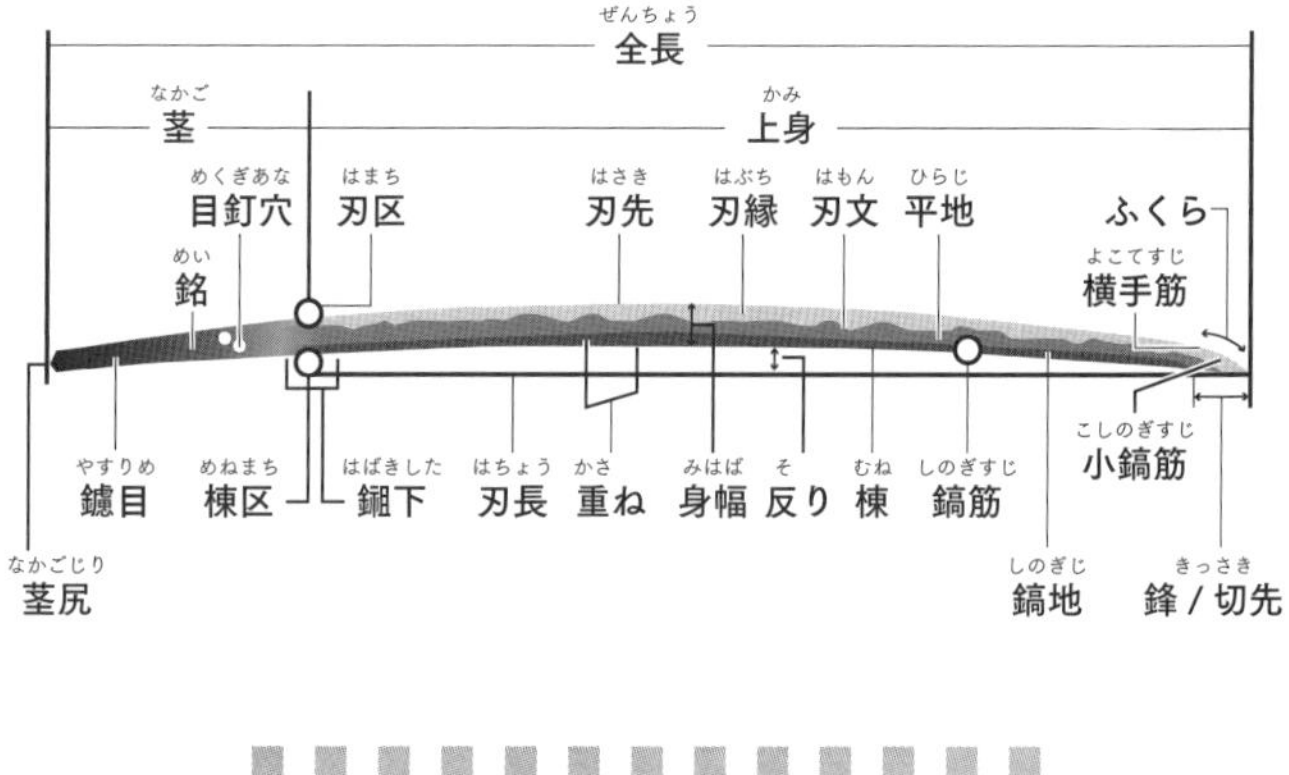
全長《ぜんちょう》
茎《なかご》
上身《かみ》
目釘穴《めくぎあな》
刃区《はまち》
刃先《はさき》
刃縁《はぶち》
刃文《はもん》
平地《ひらじ》
ふくら
銘《めい》
横手筋《よこてすじ》
鑢目《やすりめ》
棟区《めねまち》
鎺下《はばきした》
刃長《はちょう》
重《かさ》ね
身幅《みはば》
反《そ》り
棟《むね》
鎬筋《しのぎすじ》
小鎬筋《こしのぎすじ》
茎尻《なかごじり》
鎬地《しのぎじ》
鋒《きっさき》／切先

前ページの図（断面図）の上側が刃ではなく、切れない面です。片刃であるということは、当たり前ですが、もう一方は切れないということですが、切れない面があることのメリットもあるのです。

▼**鍔ぜり合いになった時に自分の刀で傷を負うリスクがない。**
▼**峰に手を添えて体重をかけ斬り裂くことができる。**

（ちなみに、よく時代劇で「安心せい。峰打ちじゃ」というのは、切れない方で叩いただけだよ、と言っています）。

日本刀の切れ味の良さや美術品とも言える美しさは、すでに世界中から認められているところですが、斬撃に最適な形を追求した片刃の構造がそれらを生み出している、と言えるでしょう。

外国人からの質問6

「日本舞踊、能と何が違うの？」

日本には様々な舞や踊りがあり、それぞれに伝統を持っています。

私が学び続けてきた剣舞《けんぶ》にも歴史がありますし、日本舞踊や能についても、長くて深い歴史があります。

ですから、舞や踊りの起源についても様々な説があり、何が正しいかはとても難しい問題です。歴史的な考証として何が正しいかについては、諸先生方の研究にお任せするとして、ここでは、私が素敵だと感じる起源の考え方を紹介します。

■舞と踊りの始まり

舞や踊りは、神話の時代、天照大神《あまてらすおおみかみ》が天の岩屋戸にお隠れになった時、その前で天鈿女命《あめのうずめのみこと》が神がかりして踊ったのが起源だと言われています。すなわち舞や踊りは、**神に捧げるものであり、祈りの一つの形であり、神と交流するための原始的なもの**として生まれました。そこから派生し、様々な芸能ができましたが、いずれもその根底には神への畏敬の心が込められています（公益社団法人日本舞踊協会ホームページより）。

日本人の多くが知っている天照大神の天の岩屋戸のエピソードが、日本に伝わる多くの伝統芸能としての舞や踊りの原点であり、「神に捧げるもの・祈りの一つの形」だというのは、私には最も説得力があり、素敵な解釈だと思います。

剣舞という舞を40年以上にわたって舞い続けてきた舞い手としての私が実感していることは、「少なくとも現代まで様々な伝統的な舞や踊りが伝承されてきたのは、そこに祈りという要素があったから」ということです。

つまりシンプルに言うと、**「舞は祈りである」**ということなのです。

そういう意味で言うと、歴史的な発祥や発展の違いこそあれ、現代に伝わる日本舞踊や能も、同じく祈りなのだと思うのです。ただし、その中でも日本舞踊は特に江戸時代に民衆の支持を得て大きく発展してきた歴史があり、能は室町時代に観阿弥《かんあみ》・世阿弥《ぜあみ》という父子が大成したと伝えられ、特徴が大きく異なります。

日本舞踊は、歌舞伎という演劇から踊りが独立していますが、能は世界最古の演劇として今に続いています。

一方で、剣舞が現在の形となったのは明治時代※とされていますが、武道・武術と舞・踊りを組み合わせていますので、武道・武術の長い歴史と舞・踊りの長い歴史の両方を受け継いで、明治時代に開花したものと言えます。

剣舞の最も大きな特徴は、日本刀を持って舞うことにあり、武士の教養であった漢詩に合わせて舞うことから、「武士道を体現している」と言えることです。

いずれにしても、原点は天照大神にまでさかのぼることができる、日本の伝統的な舞や踊りです。

日本に宿る精神がどのようなものなのか、ぜひ一度世界中の多くの方に味わっていただき、その素晴らしさを体感していただきたいですね。

※公益財団法人日本吟剣詩舞振興会ホームページ https：//www.ginken.or.jp/index.php/about-kenshibu/ より

外国人からの質問7

生粋のデンマーク人から聞かれた「武士がなんで舞うの？」

日本人を妻に持つデンマーク人のヤンが来日した際、日本で過ごした記念にと剣舞を披露したことがありました。

舞の代表的な所作の意味や、舞う詩の内容やその意味などの簡単な解説をした上で、ひとさしの舞を観ていただきました。

奥様が日本人ですから、もともとヤンは親日家でしたが、剣舞を観るのは初めてとのことで、熱心に鑑賞してくれました。

剣舞を鑑賞した後は、体験してみたいとの話になり、紋付き袴を着用して、日本刀の簡単な動作や槍を持ってのお稽古となりました。日本刀や槍を知ってはいましたが触るのは初めてとのことで、戸惑いながらも楽しく体験してくれました。

ひととおりの体験した後、互いの国の歴史も含めた話をした時、ヤンは、「今日はありがとう。色んな話を聞けて、体験できて、とても楽しめているよ。でも一つだけ、とても基本的な質問をしたいんだけどいいかな？」と言いました。

「そもそも、なぜ武士が舞うの？　もともと日本では戦士は皆舞う習慣があるのかな？」

私はそういう質問をされたことが初めてでした。

武士は、もともと戦士であり、戦うことが仕事です。最初は貴族に雇われていた武士が、やがて力を持ち、リーダーとしての役割を担い、最終的には日本という国を治めるようになっていきました。

当然、その過程では〝戦国時代〟といって、武士が率いる小国が日本という国の覇権を争う時代があったり、江戸時代のように平和な時代があったりしました。

どちらの時代にも、**舞うことは武士にとって精神修養、すなわち集中力を高めたり、心の落ち着きや成長を促す教養の一つ**として、存在したのです。

例えば、戦国時代には有名な織田信長が今川義元との決戦の前に〝幸若舞〟という舞を舞って出陣したという説がありますし、多くの武士がかつて能を愛好していたという話があります。

すべての武士が舞ったわけではありませんが、「舞うことは心を鍛える教養」の一つとして実践した武士もいた、ということになります。

現代の剣舞は、武士道を表現するアートですから、舞うことを教養の一つとした武士の精神を現代の皆さまに伝えるためだけに、舞っています。

舞うこと自体にも、集中力を高めたり、心を修練し、精神の土台を築く作用があります。

舞いという表現を通じて伝わる武士道のメッセージが、観る人の心に届き、その感動の蓄積が人間性を豊かにすると信じて舞います。

かつて武士たちは、戦う力が強いだけでは、真に民衆を率いるリーダーにはなれないことを知っていて、武士道という道を実践することを目指しました。
その過程で、武技・武芸だけではなく、芸術を含む多くの教養を学びました。
その学びの一つに「舞」があった、と考えると分かりやすいと思います。

さて、第1章では、外国人の方から聞かれる武士道の知識について解説してきました。
最後に外国人の方々に武士道を紹介するフレーズ集を記載します。

Bushido: The Soul of Japan was actually first published in America and only later translated into Japanese.
『武士道』は、実は最初にアメリカで発刊され、その後日本語に訳されました。

Inazo Nitobe's book does not represent the totality of bushido. Since books like *Hagakure and A Book of Five Rings* embody different aspects of bushido, one should also read them as well.

武士道は新渡戸稲造の本がすべてを表しているのではなく、『葉隠』や『五輪の書』も武士道を体現しているので、そちらも読んでください。

Samurai and *bushi* were originally warriors whose occupation and calling were to fight.

武士・侍は、もともと戦うことを生業としていた戦闘者でした。

Since samurai had led Japan for at least 600 years, it is easy to see that bushido not only dealt with fighting strategies and techniques but also taught leadership.

日本という国を少なくとも６００年以上にわたりリードしてきた侍だからこそ、武士道には戦う戦略や技術だけでなく、リーダーシップに関する教えが込められています。

When Japan underwent the major transformation known as the Meiji Restoration as a result of the efforts of the Ishin Shishi, a group of political activists, one of the driving forces behind this transformation was bushido. Without the bushi, who pondered questions like what it meant to be a warrior and what kind of country Japan should be, transforming Japan would not have been possible.

幕末の維新志士たちの活躍によって、日本は明治維新という変革に導かれていくのですが、その原動力の一つが武士道です。武士として、自らがどうあるべきか・この国がどうあるべきか、考え抜いてる武士の存在無くして、日本を変革することはできませんでした。

In the Sengoku period, when many warlords battled each other, Tokugawa Ieyasu came out on top. Not only was he the strongest, he was also able to rule and lead the largest number of people. One could argue that this exemplifies the worldview espoused by bushido.

群雄割拠の戦国時代、最後まで勝ち抜いたのは、最も強いだけでなく、多くの人々を治め導くことができる人物、徳川家康でした。武士道が目指す世界観が表れている、と言えるかもしれません。

Hagakure is considered to have been the most influential bushido book in Japan before World War II. The book is a veritable masterpiece of bushido, forcing one to think about the meaning of life.

第二次世界大戦前まで、日本で最も影響力を持っていた武士道の書物は『葉隠』だと言われています。生きることの意味を考えさせる、武士道の名著です。

The bushido ideal of being accomplished in both the literary and military arts is still very much alive in modern Japan. In fact, it is still desirable for someone in Japan who excels at something to have both talent and personality.

文武両道を目指す武士道の理想は、現代日本にも生きています。日本では今でも、何かに秀でた才能を発揮する人物に、才能と人格の両方を兼ね備えていることが望まれます。

The emphasis on kata training implies that honing one's skills in techniques leads to training the mind and body. In other words, kata training encapsulates the essence of the bushido philosophy of aiming for greatness through the three-pronged training process of developing the mind, improving the skills, and exercising the body.

型稽古を重んじるのは、技を磨くことが心も体も鍛えることにつながるからです。つまり心・技・体の三位一体で高みを目指す武士道の考え方のエッセンスが、型稽古に込められているのです。

第2章

これだけは知っておきたい日本の伝統精神「武士道」

「武」は戦わずして勝つことを目指し、「士」は志を持つ人を表す

現在では、武士道と言えば新渡戸稲造の『武士道』に書かれている内容が武士道そのもの、と理解されることが多いように感じますが、実はそうではありません。

平安時代中期に武士が誕生して以来、特有の価値観や倫理観が育まれ「武士道」という呼び名ではなく、かわりに**「弓箭《ゆみや》とる身のならい」**等と呼ばれました。名誉を重んじ、武勇を尊び、主従関係が密接であることが、その特徴でした。

時代は下り、慶長20年（1615年）大坂夏の陣で徳川家康が豊臣秀頼を滅ぼした後、250年以上も平和な時代が続き、武士は支配階級として君臨することになりました。

刀剣や弓矢をとって戦うことが無くなった武士たちが、変化する時代に対応するために、**ふさわしい精神的支柱**という新たな素養が必要とされていきました。武士・侍の道は、時代に応じた変化を遂げていったのです。

近年ではそういった日本の歴史や伝統・文化の本質に関する教育が、質量ともに減少し分かりにくくなってしまっているように思いますが、歴史的な経過から見ても、**『武士道』は一冊の経典にすべてが書かれているという類のものではありません。**

時代によって変化したこともあり、内容も歴史と共に柔軟に変化しつつ積み上げられ、戦いに関する技術や戦略・戦術、処世術、道徳規範や指導者として人々を率いるためのリーダー学に至るまで、武士にまつわる様々な要素が含まれ、多くの裾野を持っています。

ですから、人によって武士道の解釈や理解にも幅があると知った上で、日本の歴史と共に積み上げられ深められてきた、日本の代表的で総合的な素養のひとつ、という感じで大きく捉えていただくとよいと思います。

それではもう一度、まずは武士道の「武」とは何かから考えてみます。

▼「武」の字は、戈《ほこ》と止を合わせた漢字です。

▼「戈」は長い柄の先に鉤形の両刃が付いた武器のことです。

▼「止」は「停止する」ではなく、「歩む・進む・走る」という意味です。そして足首全体の象形です。

以上のことから、「武」は戈すなわち武器を背負って前進・行進する、という意味となります。

転じて、他に「強くて勇ましい様子」「猛々しい」などの意味もあります。

間違ってはいけないのは、「武」は武器を持って進むことを意味しますが、戦って勝つことだけを意味するのではないことです。

戦いにおいては、実際に「戈《ほこ》」を交えて勝つことだけでなく、戦わずして勝つことも含めて、戦略的に考えなければなりません。

そもそも実戦は、双方に大きな犠牲を伴うものであり、勝った者も無傷であるとは限らないのです。ですから、戦う者は常に何らかの犠牲を払うことを覚悟しなければなりませんし、その戦いに勝ったからと言って、自らがその先も無事に生きていける状態であるとの保証もありません。

つまり、戦うことを生業としている者は、常に戦いに挑む覚悟をしながらも、戦った後に、次の戦いに備えた損傷の回復を計算に入れながら、今の戦いに勝たなければなりません。

そうしなければ、次々に戦いが続く世界を生き抜くことはできません。

戦う者たちにとって、唯一、次の戦いへの備えの心配がいらない勝ち方とは、

戦わずして勝つことなのです。

例えば、『孫子の兵法』は多くの武士たちが学んだ書ですが、「敵を知り己を知らば、百戦危うからず。」と教えてくれます。そして最も賢いのは「戦わずして勝つこと」と言っています。

武田信玄は『孫子の兵法』を熟読し、学んだ戦略を実践し、一時期は戦国最強とうたわれた武田軍を作り上げました。

宮本武蔵の『五輪書』にも同様のことが書いてあります。

武士たちは、常に生死を懸けているからこそ、常に勝つことを求めていたのです。

武の本質は戦わずして勝つことなのです。

個人の強さという点でも、同様のことが言えます。

武道武術においても、達人は達人を知るので、立ち姿一つで相手の力量を見極めることができると言われます。

つまり自らがすでに戦う前に相手にもそう悟られるほどの高い力を持てば、相手は戦いを避け、戦わずして勝つことができるのです。そうなるためには、**日常から多くの努力をして、高い技量を身に付けて、高め続けていなければなりません。**決して楽な道ではないのです。しかし、実際に刃を交えたりして戦う前に相手に勝利できるのですから、確実に勝つことができるのです。

まさに武の本質は、戦わずして勝つことなのです。

次に「士」は、音読みでは「し」と読み、訓読みでは「さむらい」と読みます。才能をもって官に仕える者や、学問・道徳などを身に備えた尊敬に値する人物を指します。

つまり武士とは、**「戦う専門技能を身に付け主君に使える者」であり、「強さと学問・道徳、つまり文武両道で尊敬に値する人物」**といった意味となります。

では「道」とは何でしょうか。

幾通りもの解釈ができる「道」ですが、本書では倫理学・日本思想・実存哲学の専門家である魚住孝至氏の考え方にそって、そのイメージを共有しておきたいと思います。

「「道」は、音読みは「どう」、訓読みでは「みち」である。「み」は道路を領有する神を敬ってつけた接頭語で、「ち」は「路」「道」で、方向の意味の古語であるという。したがって、道は、ある方向へ「たどり行く」というニュアンスを持ち、たどり着くまでは、その先は明らかにならないのである。」（『道を極める―日本人の心の歴史』放送大学教育振興会　魚住孝至著　14ページ）

私はこれを、まだ見ぬ究極の理想を生涯かけて追い求め続けること、と考えています。

これまでの内容を総合して、「武士道」が指し示す方向の私なりの解釈は次の通りです。

戦い勝つことができる強さと学問・道徳の両方に秀でる「文武両道」という高みを目指し、生涯をかけて追求し続けることを志す。武士道は、その志の道標《みちしるべ》である。

自らの命よりも家を残すために子と別れることを選択した楠木正成

楠木正成は、現代でも人気の武将です。日本では人気のある武士・武将といえば、戦国時代か幕末維新の志士が多いのですが、楠木正成が活躍したのは南北朝時代、天皇方と鎌倉幕府方の争いが起こった時代なのです。

では、なぜ楠木正成は人気があるのでしょうか。その秘密を解き明かしていきましょう。

楠木正成（くすのきまさしげ、？～１３３６）は、実は出生年がはっきり分かっていません。分かっているのは、亡くなった年だけです。それ以外にも、はっきり分かっていないことが多く、確かなのは歴史の表舞台に登場してきた数年間だけ、という珍しいパターンの人気武士なのです。

楠木正成が歴史の表舞台に登場したのは、天皇方として挙兵した１３３１年です。

挙兵した楠木正成が名を上げた戦いが、千早城の戦いです。

５００名の手勢で赤坂の城にこもり、押し寄せた幕府の大軍を迎え撃つ。敵勢は30万人という説もあるそうですが、現在では数万人程度とみるのが妥当との説が有力です。それでも、約１００倍の敵と対決したのです。

この戦いぶりによって、敵味方に楠

年　代	内　容
1333年	千早城の戦い。1333年に後醍醐天皇の倒幕運動に呼応した楠木正成と、鎌倉幕府軍との間で起こった包囲戦。
1336年	湊川の戦い。九州から東上して来た足利尊氏・足利直義兄弟らの軍と、これを迎え撃った後醍醐天皇方の新田義貞・楠木正成の連合軍との間で行われた合戦。
―	桜井の別れ。古典文学『太平記』の名場面の一つ。西国街道の桜井駅(桜井の駅、さくらいのえき)で、楠木正成・正行父子が訣別する逸話。
	七生報国。湊川の戦いでいよいよ楠木正成が負け、「七度生まれ変わって、敵を打ちのめしたい」そう言って、弟の正季と互いを刺しあい自害した、と言われる。

木正成の名前が知れ渡ったことになります。歴史の表舞台への鮮烈なデビュー戦であったと言えるでしょう。

他にもこの時期には、多くの戦いで楠木正成が活躍しましたが、特に最後となった湊川の戦い（1336）は、エピソードが満載でした。

この戦いは、一度は天皇方に負けて九州まで敗走した足利尊氏が態勢を立て直して、10万人を超える大軍を率いて京に攻め上ってきたのです。

楠木正成は、この戦いに危機感を覚えて、大胆な逆転戦略を立てました。「一度都を捨て、敵方が入京したところで包囲して、これをせん滅する」という策でした。

しかし、聞き入られず、湊川（兵庫県）で激戦のすえ、戦死してしまいました。この際に有名になったエピソードが、二つあります。

古典文学『太平記』の名場面の一つとなっている、**「桜井の別れ」**と呼ばれるものです。

1336年の湊川の戦い直前、自らの死を覚悟した父・楠木正成が11歳の嫡子・正行に対して「生き残り、いつの日か朝敵を滅せ」と諭して、後醍醐天皇から下賜された菊水の紋が入った短刀を授けて今生の別れを告げたことを指しています。

生きるために息子を故郷に帰そうとする父としての愛情と、自らは死を覚悟してもなお、忠誠を尽くす武士としての生き方に殉ずる決意を示したエピソードです。この「桜井の別れ」は、かつては多くの日本人が良く知る名場面でした。

もう一つは、**「七生報国《しちしょうほうこく》」**です。「七生」とは仏教からきている言葉です。七回人間に生まれ変わることを言っています。「報国」は、生まれ育った国の恩に報いるよう役に立つ、との意味です。

湊川の戦いでいよいよ楠木正成が負け、「七度生まれ変わって、敵を打ちのめしたい」そう言って、弟の正季と互いを刺しあい自害した、とも言われます。

楠木正成の死を、相手方の大将・足利尊氏も大いに悼み、称賛を惜しまなかったと伝えられています。

武士として強いだけでなく、生き方・在り方が優れていなければ、敵将から称賛されることなど、普通はありません。

もちろん楠木正成という武士に対して、賛否が分かれることも承知しています。しかし、現代の我々が楠木正成の生き方・在り方から学べることは、たくさんあるように思えてなりません。

歴史の表舞台に登場していたたったの5年で、敵からも称賛される武士として名を馳せた楠木正成の生き方を、ぜひ学んでおきたいですね。

人のためにのみ出兵し、自分の領土を広げるための戦はしなかった 義の武将 上杉謙信

上杉謙信は、戦国時代最強の武将であり「越後の龍」とも言われ、越後国（現在の新潟県）など北陸地方を支配しました。

越後国を統一したほか、関東や北信・北陸地方（越中国以西）にも度々出兵しています。

戦国時代でも戦上手とされ、その戦績から後世、「軍神」と称されました。

また、強いだけでなく、「義の武将」とも呼ばれました。

林泉寺で謙信は、生涯の師となる天室光育《てんしつこういく》という名僧と出会い、厳しく教えられ、7～14歳までの間、学問や兵学を学んだと言います。戦国時代の武将の中でも教養の高い武将と言われます。仏教を深く信仰し、義の心を育み、「義の武将」と呼ばれるまでになりました。

東大寺金堂の多聞天像、奈良県奈良市／作成者：663high land
https://creativecommons.org/licenses/by/2.5/

毘沙門天《びしゃもんてん》の加護を信じたと言われています。毘沙門天とは、甲冑《かっちゅう》を身に着けた姿で表される軍神で、謙信以外にも多くの戦国武将から厚い信仰を集めました。

14歳で初陣を勝利で飾った謙信は、病弱な兄から家督を譲られました。その後も多くの戦いに挑み、確実なものだけで70程度の合戦の記録があり、軍神である上杉謙信の姿を見ただけで逃げ出すほど怯える敵もいたと言われます。

多くの戦いの中でも有名な戦いが、宿敵・武田信玄との「川中島の戦い」です。越後の謙信と甲斐の信玄が、北信濃の領有を巡って対戦した合戦の総称で、天文22年（1553年）から永禄7年（1564年）まで、足掛け12年の間に5回も続きました。

有名な「敵に塩を送る」エピソードは、川中島の戦いが集結してから5年後の話です。

海のない甲斐は、周囲の国との争いの中で、塩の輸出停止の措置をとられてしまいます。しかし、謙信は、塩の輸出停止制裁に参加せず、「海に面していない甲斐に塩止めすれば、困るのは民である。私は武田軍と矛を交えて久しいが、米や塩で民を苦しめようと思ったことはない」と語ったと言われ、塩商人の往来を止めなかっただけでなく、適正な価格で商うよう要請した、ということです。

このことが、後世では塩を送るというエピソードに誇張され、美談とされた、ということが真実です。

それにしても、上杉謙信の義の武将という印象があればこそ、人々もその誇張されたストーリーを信じたわけですから、それも含めて義に厚い謙信らしいエピソードと言えるでしょう。

そして、謙信は戦国の世にありながら、侵略のための戦はしなかった、と言われます。その一方で、他国から救援の要請があると、できる限り出兵し、それに応えたのです。**謙信にとって、戦はすべて私戦ではなく公戦でした。**そういったことも、当時バラバラであった一族をまとめ、越後の国を治めていくための理念として、幼少時に学んだ知恵の中から「義」という概念を中心においていたと考えられると思います。

現代でも、会社や組織に属する人々が「理念」を拠り所とすることで、組織をまとめあげていくことが行われます。当時の上杉家を勝手に私のイメージで表現するならば、「義を実践する毘沙門天の化身」である謙信という存在が組織の中核となり、自ら先頭に立つことで、まとまりがなく脆弱であった家臣団から、「義」を理念とした組織行動を引き出した、ということではないか、と考えています。

組織基盤が脆弱な時、どうすべきか。現代の組織やチームの多くも何かしらの問題を抱えているとしたら、上杉謙信が家臣団をまとめていった過程に学べることが、たくさんあるように感じます。

徳川家康は克己《こっき》を極め「怒りは敵とおもへ」で平和な時代を築いた

徳川家康は、言わずと知れた200年を超える江戸時代を作り出し、戦国時代後に平和を日本にもたらした武将です。

愛知県岡崎市に生を受け、少年時代は人質として暮らした苦労人です。

戦国時代においても、織田信長・豊臣秀吉に先を越されながら、最終的には征夷大将軍として日本のリーダーに上り詰めた偉人です。徳川家康は遺訓として次の言葉を残しています。

人の一生は重荷《おもに》を負《をひ》て遠き道をゆくが如し　いそぐべからず
不自由を常とおもへば不足なし

こころに望《のぞ》みおこらば困窮《こんきゅう》したる時を思ひ出《いだ》すべし
堪忍《かんにん》は無事《ぶじ》長久《ちょうきゅう》の基《もとい》、いかりは敵とおもへ
勝事《かっこと》ばかり知《しり》てまくる事をしらざれば害《がい》基身《そのみ》にいたる
おのれを責《せめ》て人をせむるな
及ばざるは過《すぎ》たるよりまされり

（大意）人の一生は重い荷物を背負って遠い道を行くようなものだ。
だから急いではならない。
不自由を普通と思えば、不満は感じない。
自分の心に欲が湧いたら、貧しさに苦しんでいた頃を思い出そう。
我慢は、無事に長く安らかに生きるための基本であり、怒りは敵と思え。
勝つことしか知らずに、負けることを知らぬものは、害がその身にいたる。
自分を責めて他人を責めるな。
有り余るよりも足りないくらいの方が良いのだ。

人生の悲哀を経験し尽くしたからこそ、説得力を持って語れるであろう内容だと感じます。
同郷の偉人の言葉に、私も胸が詰まる思いです。

この言葉を見ると、いつも反省させられます。
「あれがない」「これが足りない」といつも不平不満の心を持っている自分を、心から恥ずかしく思います。

「怒りは敵と思え」これがなかなかできない相談です。ついつい周囲の出来事に怒りを覚え、誰かを責めたくなる小さな自分を反省してしまいます。

「常に堂々として、細かな事に動じない心を持って生きる」
そんな人にこそ、人はついていきたくなるし、貢献したいと感じられる。そんな人が望むことなら、ぜひ協力したいと、自然に感じられる。

私の敬愛する経営者も、この遺訓を机に飾り、日々反省しているとおっしゃっています。

徳川家康が残した教えだけあって、深さが感じられる「東照公御遺訓」を、常に心に置きながら生きていきたいものです。

西郷隆盛の動じない心・ブレない姿勢は武士道の理想像

近年では、大河ドラマ「西郷《せご》どん」で有名になった西郷隆盛ですが、幕末から明治にかけて日本を引っ張ったリーダーとして有名な武士です。

経済界には、西郷隆盛に憧れるファンも多く、最も有名な方でいえば、稲森和夫さんが挙げられます。稲森和夫さんは、京セラを創業し、その後日本の経済界に多大な功績を残した、名経営者の一人です。西郷隆盛と同郷の出身でもあったことから、西郷隆盛の教えを信奉しており、京セラの社是である「敬天愛人」は、西郷隆盛の遺訓からとっています。

多くの著書にも自ら書いているように、稲森和夫氏の経営理論の中心は、**経営者の人格**です。

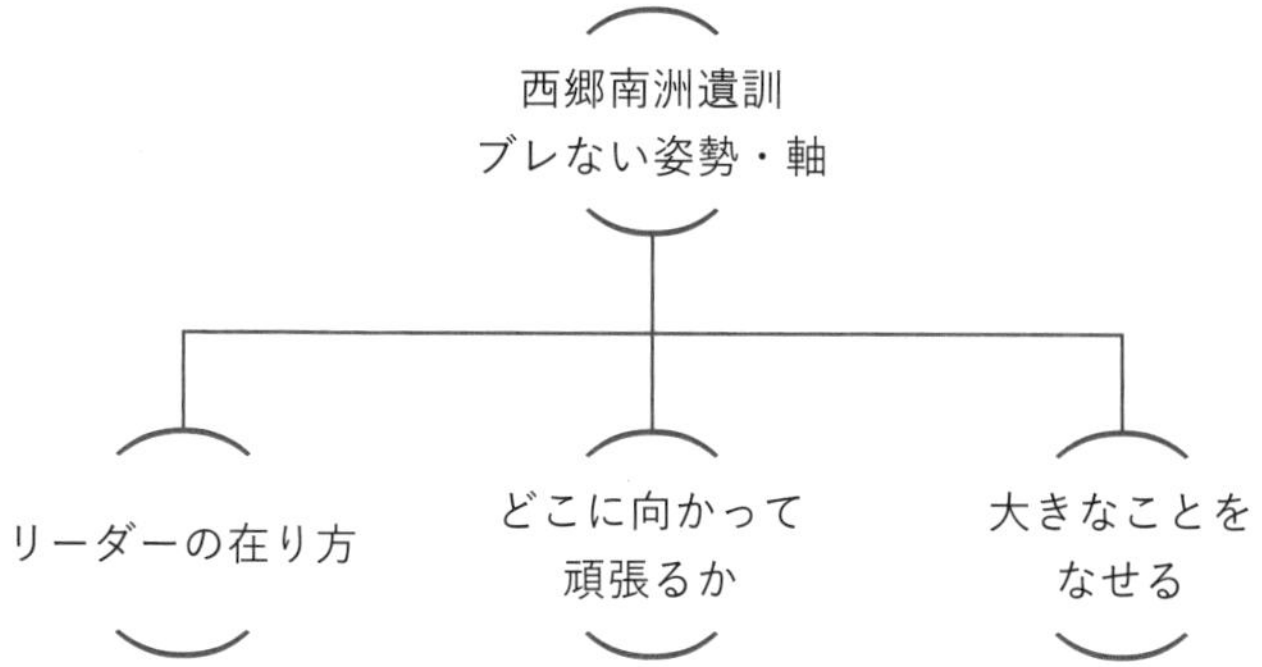

経営者がまず優れた人格を持ってはじめて、そのリーダーシップに人がついてくると考える経営者理論です。

その創業からの劇的な成長は、海外の経営者教育を行う経営大学院の教材として、例えばハーバード大学大学院の教材となっているほどに、有名なのです。

そんな稲森和夫さんが終生、信奉し続けた西郷隆盛は、どのような人だったのか。

身体もどっしりしていた西郷隆盛ですが、リーダーとしてもどっしりと構え、揺るがない姿勢で、多くの武士を引き付けてやまない魅力的な武士であったようです。

清貧を地でいく生き方を実践していて、明治新政府の高官時代にも、非常に質素な暮らしをして、訪問客をびっくりさせたという逸話も残っています。

西郷隆盛は、自らの著作を残していませんが、西郷隆盛が周囲に語った言葉を、庄内藩士がまとめた書物が「西郷南洲遺訓」です。遺訓には、現在にも十分に通用するリーダーとしての武士の在り方がまとめられていて、特に現代のビジネスリーダーには、格好の学習材料と言えます。

その効果効能は、稲盛和夫という世界的経営者が実証済みですから学んでおく必要があるリーダー学と言えますね。

西郷南洲遺訓には多くの教えがまとめられていますが、特に心に留めておくとよいと思われる「ブレない姿勢・軸」に触れている教えを、三つ取り上げてみたいと思います。

1．リーダーの在り方

「萬民の上に位する者、己れを愼み、品行を正《ただし》くし驕奢を戒め、節儉を勉め、職事に勤勞して人民の標準となり、下民其の勤勞を氣の毒に思ふ様ならでは、政令

は行はれ難し。」（『西郷南洲遺訓 附 手抄言志録及遺文』 山田済斎編 岩波書店 6ページ）

（大意）国民の上に立つ政治家や役人は、己を慎んで品行方正、驕りたかぶることなく、無駄遣いをせず、職務に精励して手本となり、人民がその仕事ぶりの大変さを気の毒と思うほどでなければ、政治は行き届かない。

これは、そのまま現代にあてはまるように思えます。気の毒に思われるほどの仕事ぶりとは、一体どのくらいのレベルでしょうか。常に自戒を込めて、自らの仕事ぶりを振り返りながら進まなければなりません。

2．どこに向かって頑張るか

「人を相手にせず、天を相手にせよ。天を相手にして、己れを盡て人を咎めず、我が誠の足らざるを尋ぬべし」（『西郷南洲遺訓 附 手抄言志録及遺文』 山田済斎編 13ページ）

（大意）人を相手にするのではなく、天を相手にするよう心がけよ。天を相手にし、自分を尽くし、人を咎めるのではなく自分の誠意の足らないことを反省せよ。

組織で働いていると、ついつい上位者の評価や機嫌を相手にして仕事をしてしまうことがあります。人間誰しも認められたい欲求がありますが、そういった自らを満たすためだけの欲求に打ち克つことをすすめてくれる教えです。自らの仕事の成果について、人を評価の基準にする（誰にどのように評価されるか）のではなく、天を評価の基準として、常に自らの誠意が天に向かって足りているかどうかまでを問いかけよ、と言っています。ついつい目先の人からの評価を得たくなってしまうものですが、もっと目線を上げて大きな存在に役立てているか、を問うべきと教えてくれます。

3. 大きなことをなせる

「命もいらず、名もいらず、官位も金もいらぬ人は、仕末に困るもの也。此の仕末に困る人ならでは、艱難を共にして國家の大業は成し得られぬなり」（『西郷南洲遺訓 附 手抄言志録及遺文』15ページ）

（大意）名誉も地位も金もいらない人は、かえって扱いづらいかもしれません。しかし、始末に困るような人間でなければ、苦しい環境の中で力を合わせて大きな課題に立ち向かうことはできないのです。

大業（大きな仕事）を為すためには、始末に困るくらいの扱いづらい人であれ、と言っています。現代でも、大きな仕事を為すためには、周囲や上位者の反対にどのように対処するかが、鍵となることが多いものです。正面を切って説得することも良いでしょう。如才なく切り抜ける方法を考え実行することも良いでしょう。しかし肝心な部分では、自らの考えを譲らず押せる強さを見せ、「仕抹に困る」くらいの進め方が必要なこともあるのだ、と教えてくれます。ある意味これこそが、あらゆる手を尽くした後の最後の一手なのかもしれません。必ず覚えておきたい一手ですね。

武田家の教え『甲陽軍鑑』で初めて文献に「武士道」と書かれる

戦国時代が終わって江戸時代に入ると、戦のない平和な時代となっていき、武士は戦に出ることが無くなっていきました。

そうなると武士たちの間では逆に、**平和な時代にこそ戦国時代の武士たちの考え方や精神性を受け継ごう**という機運が高まっていきました。

そのようなタイミングで、多くの武士に学ばれたのが『甲陽軍鑑』というわけです。

甲陽軍鑑は、一言で言うと「甲斐国の戦国大名である武田氏の戦略・戦術を記した軍学書、甲州流軍学の教本」と表現できます。全20巻59作品という本編と、上下巻の末書という長編の書です。

武田家の家臣であり、武田信玄の側近として仕えた高坂弾正昌信の口述を、甥である春日惣次郎らが書き残し、それをもとに江戸期に入ってから、安土桃山時代から江戸時代初期にかけて生きた武将・軍学者小幡景憲が編纂してできた、と言われています。

内容は、武田信玄・勝頼の合戦記事を中心に、武田家や家臣団の逸話などの紹介、軍法、刑法などが雑然と構成され、軍学以外にも武田家の儀礼に関する記述などが豊富に書かれています。

実は、『甲陽軍鑑』は、歴史上の史料としては一級品とまでは言われていません。

後世になって検証されると、史実の記載の間違いが多く発見され、史料としての真贋が問われたこともあるからです。つまり、誰が書いたのか、その記載は正確なのかについて、相当な疑問を持たれたということなのです。

ただ確かなことと言われるのは、江戸時代において多くの武士に長く読み継がれるロングセラーであったことと、「武士道」という言葉が（ほぼ）初めて使われた書物であり、一説には、「武士道」という言葉の起源は『甲陽軍鑑』である、との説もあるのです。そのくらい、多くの武士に読まれ頼りにされた書物だったのです。

また真偽は定かではありませんが、武田信玄という名将に率いられた武田家において、信玄亡き後の世代の未熟さを嘆いた高坂弾正昌信が、信玄の言動を後世まで継承し、武田家の軍法を後世に残すために書いた、と言われています。

武田家は、1582年（天正10年）織田・徳川連合軍の侵攻により滅亡してしまいました。

織田信長の死後は、徳川家康が甲州を支配するようになったことも影響しています。

かつて武田家に仕えた家臣たちを徳川家康が召し抱えたことで、甲州流軍学が盛んになり、『甲陽軍鑑』は甲州流軍学の聖典として、江戸時代に出版され、広く学ばれたのです。

諸説あり、紆余曲折を経てもなお、時代の中心に生き残り、多くの武士に学ばれ続けた『甲陽軍鑑』は一度は学ぶべき、武士道の名著の一つと言えます。
武田信玄という、稀代のリーダーについて学んでおくには最適の書と言えるでしょう。

新渡戸稲造の『武士道』は、宗教教育のない日本の社会秩序を世界に発信した日本文化論

武士道を著した書籍で、最も世界的に有名なものは、100年以上も前に書かれた新渡戸稲造の『Bushido：The Soul of Japan』です。この本は1899年にアメリカで出版されました。その後、日本語はもちろん、ドイツ語、フランス語をはじめとした様々な言語に翻訳されて、今も読み継がれています。内村鑑三の『代表的日本人』や岡倉天心の『茶の本』と並んで、明治期に日本人が英語で世界に向け発信した著作として重要なもの、と言われています。

『武士道』のまえがきに、新渡戸稲造がこの本を書くことになったきっかけが記されています。

「ある時、ベルギーの法学者に「日本には宗教教育がない」と話したところ、「日本には宗教教育がないのに、どうやって道徳教育をするのか」と聞かれ返答に

困ってしまった。」

この対話がきっかけとなり、新渡戸稲造は日本人の道徳心には武士道が非常に深く関わっていたことを世界に向けて発信するために、英語で武士道を出版しました。

つまり、もともとこの本は、外国人に対して日本の社会規範の源泉を分かりやすく説明するための本でした。そしてその内容は、当時のアメリカ大統領セオドア・ルーズベルトにまで読まれ、高い評価を受けたと言われています。

ただ、新渡戸稲造の武士道に関する世界に向けた説明について、「本来の武士道ではない」などの批判もあります。

それでも私は、日本文化とは違うバックグラウンドを持つ人々に、日本の伝統や精神を説明しようと思えば、理解されやすいような工夫を施す必要があったのではないか、と前向きに考えています。

武士道の背景にある「仁義礼智信」という五常の徳は、新渡戸稲造の『武士道』では「義・勇・仁・礼・誠・名誉・忠義」という七つの徳に形を変えて説明されています。これも、外国人に理解されやすいための工夫であり、その内容が間違っているわけではありません。

むしろキリスト教徒であった新渡戸稲造が、その感性で理解しやすく、外国人に分かりやすくするために知恵を絞った結果だったのではと思います。

重要なことは、新渡戸稲造が、日本には欧米諸国のような宗教教育はないが、日本社会の秩序を保っている社会規範がどのようなものか、多くの日本人が共通に持っている道徳心がどのようなものか、を説明したことです。そして日本の道徳規範の源泉が武士道であることを示し、武士道の未来や思いまでが書かれていることです。

新渡戸稲造は、「武士道は独立した倫理的な掟としては消え去るかもしれない。しかしその光と栄光は、廃墟を越えて生き延びるだろう。」と記しています。

私は１００年以上経った今も新渡戸稲造の予想通りだったのではないか、と考えています。そのことは、様々な震災や災害時に多くの日本の人々の秩序だった行動に表れていると感じています。

国（藩）を治めた武士道が、明治から昭和の日本経済の躍進を支えた

武士道の精神で商売をすることを、**士《し》魂《こん》商《しょう》才《さい》**と言います。

特に明治という時代は、江戸時代の末期に武士道教育を受けた人々が経済人として活躍した時代です。そしてその系譜の強い影響を受けた士魂商才の経済人たちが、昭和の日本経済の躍進までを支え続けたのです。

多くの士魂商才の経済人が活躍しましたが、その中でも代表的な3人を紹介したいと思います。

渋沢栄一古稀肖像
渋沢資料館所蔵

Portrait of Yasuda Zenjiro（安田善次郎,1838-1921）
出典：大日本帝国近世人名語彙 第1輯
公表年：1921年以前

まずは3章で詳しく触れますが、明治時代に活躍した、士魂商才の経済人と言えば、渋沢栄一が挙げられます。近代日本資本主義の父と呼ばれ、明治・大正期における最大の実業家です。

次に、一代にして安田財閥を作り上げ、金融王の異名をとった安田善次郎が挙げられます。

東京大学安田講堂や日比谷公会堂は安田財閥からの寄付金で建てられています。神奈川県横浜市鶴見区安善町や、JR鶴見線「安善」という駅は、安田善次郎からとられています。

越中（富山）で生まれた善次郎の父善悦は、富山藩の武士で半士半農の家でした。幼い頃の善次郎は行商をしながら寺子屋に通ったのだそうです。

当時流行していた『太閤記』の影響で豊臣秀吉に憧れた善次郎は、江戸へ出て

大倉喜八郎
出典：『東京経済大学八十年史』（東京経済大学,1981）
公表年：1928年以前

商売を始めました。商売で得た資金を元に、小銭両替商、両替専門商、金銀貨取引所、第三国立銀行頭取と出世を重ね、明治財界の主要人物になっていきました。

安田善次郎の一つ年上で、幕末期に同じ両替商からスタートした大倉喜八郎は、大倉財閥を築き上げました。現在、大倉財閥の流れを汲む企業は、あいおい損保保険、日清製油、大成建設、大倉商事、ホテルオークラなどが挙げられます。

大倉喜八郎は、乾物屋、鉄砲屋、両替商、商社、渋沢栄一らと共に東京商法会議所（現在の東京商工会議所）の設立、その他にも、日本で最初の事業を多く設立しています。

豊臣秀吉を尊敬し、大倉自身も「今太閤」と異名をとるほどの破天荒ぶりでした。

92歳で生涯を閉じる2週間前に残した歌があります。
「感涙も　うれし涙と　ふりかはり　踊れ踊れ　雀百まで」
破天荒を絵に描いたような、豪快な士魂商才の人と言えます。

3人の士魂商才の経済人を紹介しましたが、共通しているのは武士道の中核といえる徳「義」を備えていて、それを国のため社会のために尽くす「大義」へと昇華させ、生涯を走り抜けた人物ばかりである、と言えることです。

会社を興して、目の前の利益に溺れることなく、大義のために尽くして生き抜く「士魂商才」のマインドを学んでおきたいですね。

新一万円札の渋沢栄一は武士道教育で育った

２０２４年、新1万円札の肖像となった渋沢栄一は、「日本資本主義の父」と言われ、日本経済の歴史において、欠くことのできない人物です。その功績の一部を見てみます。

▼民間初の銀行立ち上げにはじまり、生涯で立ち上げや経営に携わった企業は、５００社以上にのぼる

▼その中で現在も事業を継続している企業は、１６７社あり、うち上場企業は99社、業種別には製造業が49社、金融・保険業が35社

▼主だった企業は、三井物産、東京海上ホールディングス、ＫＤＤＩ、みずほフィナンシャルグループ等々

他にも挙げればきりがないほどの功績があります。

間違いなく言えることは、現在も続く名だたる大企業、なおかつ社会を支えるインフラとして機能する多くの企業が、渋沢栄一によって設立されているからこそ、現在の日本経済がある、ということです。

さらに私が感じる渋沢栄一の素晴らしさは、**それらの企業群を「渋沢財閥」とはしなかったことです。**同時期に活躍した三菱財閥の創始者岩崎弥太郎《いわさきやたろう》のように、財閥経営には手を出しませんでした。渋沢栄一はあくまでも、国民が広く利益を得ることができ、さらに国全体を豊かにするという想いを実現していきました。

この基盤になっていたのが、渋沢栄一が説き続けていた「道徳経済合一」つまり「道徳と経済は本質的に一致する」とする考え方です。その考え方は、『論語と算盤』として出版され、現代でもこの書を座右の書としている経営者が多くいるのです。

ここに登場する論語を、渋沢栄一はいつごろ学び、生涯の指針とするに至ったのかというと、それは幼少期に仕込まれた「漢学」にまでさかのぼります。

国立印刷局「新しい一万円札について」
URL：https://www.npb.go.jp/ja/n_banknote/design10/

「今日の自分があるのは、故郷での漢学のお陰である」と言っています。

幼少時は父親から「四書五経」をはじめとする東洋思想を授けられ、非常に学ぶ意欲が高く、12歳の頃、年始の挨拶回りに出かけた折も本を読みながら歩いていて、溝に落ちて晴着を汚し、母親に叱られた、というエピソードが残っています。

また剣術は神道無念流に学び、「腕前は田舎の初段」と自らが語っています。詳細は分かりませんが、一定期間はしっかりと剣術修行に励んだと想像できます。

こうして文武にわたって、いわば武士道教育を受けて育った渋沢栄一は、16歳の頃には家業の手伝いをして商売に励み、父親にその手際の良さを褒められたことがあると言われていますから、早くからビジネスの才覚が開花していたことが分かります。

その後、数多くの会社を立ち上げていったのですが、この彼の功績について、マネジメントの父と言われるドラッカーが研究し、著書でこのように言っています。

「岩崎弥太郎（著者注：三菱財閥の創業者）と渋沢栄一の名は、国外では、わずかの日本研究家が知るだけである。しかしながら彼らの偉業は、ロスチャイルド、モルガン、クルップ、ロックフェラーを凌ぐ。」（『断絶の時代』ピーター・F・ドラッカー著　上田惇生訳　ダイヤモンド社　113ページ）

渋沢栄一こそ、日本が世界に誇る「経済界における武士道の人」と言えるのです。

第3章

なぜ、世界のエリートは武士道に注目するのか

ケネディ大統領の座右の書は『武士道』で上杉鷹山を尊敬する日本人として挙げていた

アメリカ第35代大統領であるジョン・F・ケネディは、一説によると日本人記者からの「尊敬する日本人は？」という質問に対して、「上杉鷹山《うえすぎようざん》です」と答えたと言われています。

ジョン・F・ケネディ大統領が答えた公式インタビュー記録が見当たらないこともあり、このエピソードの真偽は正確には分かりません。しかし、駐日米国大使に就任した長女キャロライン・ケネディは2013年11月「父ジョン・F・ケネディ元大統領が、江戸時代の米沢藩の名君とされる上杉鷹山を尊敬し、就任演説に代表される考え方に影響を与えた」と語ったことから、嬉しい気持ちになりますね。

上杉鷹山は「組織のリーダーとして理想的な人物像」であると言われ、現代の日本企業のリーダーシップ教育においても、その人物像を念頭に置いた教育がされているほどです。

では、上杉鷹山の何がそんなにすごいのか。

多くの方がその素晴らしさを解説していますが、私は「困窮した米沢藩財政の再建」に取り組む際に、その先の社会づくりに同時に着手していったことだと思っています。

それは、米沢藩の再建を大倹令（財政策）と藩校設立（学問教育）に同時に取り組むところからスタートさせたことです。

このことは、上杉鷹山が経済（現実）と倫理（学問）のバランス感覚に優れていたことを示していますが、ただでさえ財政が困窮している時に、教育にお金をかける決断は、普通のリーダーにできるものではありません。

「為せば成る、為さねば成らぬ何事も、成らぬは人の為さぬなりけり」という言葉は、上杉鷹山の言葉として特に有名なものです。財政再建と学問普及による社会安定の両方に取り組んで、後世に名を残す名君の言葉、胸に刻んでおきたいです。

スティーブ・ジョブズが日本人の禅僧から学んだ、事業の成功とスピリチュアルな世界の両立

スティーブ・ジョブズは、武士道の源泉の一つである仏教、禅の熱烈な信奉者で、生涯禅修行を続けたと言われています。

彼には、生涯の師と仰ぐ禅僧がいました。その名を乙川弘文と言います。ジョブズが、本格的に禅との出合いを果たしたのは、1975年、彼が20歳の時と言われています。人生で何をすべきか悩んでいたジョブズは大学を中退し、インドを放浪しました。

それでも人生の目的を探しあぐねていたジョブズは、シリコンバレーの実家近くにあった小さな禅堂を訪ね、運命的に一人の日本人と出会いました。曹洞宗大本山の永平寺から派遣されていた禅僧、乙川弘文でした。

弘文はジョブズにとって生涯の師となりましたが、弘文は、二人の関係をあまり表立って語りませんでした。ジョブズは弘文について伝記の中でこう語っています。

「弘文老師との出会いに深く感動し、気が付いたら、なるべく長い時間を彼と過ごすようになっていた」10日に一度は深夜まで弘文の家に入り浸った、と言われています。

また、アップルを事実上追放され人生のどん底にあったジョブズは、その後のNeXT（アップルを追われたジョブズが腹心だった部下と設立した会社）時代を経てアップルで復活を果たすまでの「暗黒の10年」に、弘文に同居を提案し、禅を徹底的に学び、自らの内面を見つめ直そうとしていました。

また、ジョブズが弘文に出家を相談したところ、

「事業の世界で仕事をしつつ、スピリチュアルな世界とつながりを保つことは可能なのだから、やめた方がよい」と諭されたのだそうです。

乙川弘文がそのように諭してくれたおかげで、禅の精神の影響を受けた、余計なものをそぎ落とした、圧倒的な美を誇るアップル製品のデザインが完成したと言えます。

余分なものをそぎ落とした究極の美を追求するジョブズは、座禅によって我執を捨て自らを空っぽにして、物事のありのままを見つめようとしていたのだと思います。

そしてその境地から生み出した美を具えた革新的な商品で世界を変えようとしたジョブズは、ビジネスパーソンというよりは、アーティストと呼ぶにふさわしいのではないか、とさえ感じます。美しい製品を生み出す美しい精神を追求する心は、禅という同じ源泉をともにする武士道にも生きています。

武士道とは、そもそも武士としての美しい生き方を追求するものです。

人としての徳を備え、人格を高め、武士として生きるにふさわしい人格を、自らに向き合いながら、文武を通じて身に付けていく。そういう境地を追求する生き方を、武士道と言っていいのだと思います。

私は、そういう生き方は、美を備えた革新的な製品で世界を変えようとしたジョブズの精神と相通ずるのではないか、と感じているのです。アップル製品に、そんな日本の伝統的な精神が生きていることが、とても素敵ですね。

京セラを築きJALを再建した稲盛和夫の経営は、武士道を実現した

京セラのホームページには、創業者稲盛和夫が亡くなった現在も、次のような記載があります。

社是：敬天愛人
　常に公明正大　謙虚な心で　仕事にあたり
　天を敬い　人を愛し　仕事を愛し
　会社を愛し　国を愛する心

経営理念
全従業員の物心両面の幸福を追求すると同時に、人類、社会の進歩発展に貢献すること。

経営思想
社会との共生。世界との共生。自然との共生。
共に生きる（LIVING TOGETHER）ことをすべての企業活動の基本に置き、豊かな調和をめざす。

そして、名誉会長稲盛和夫さんの顔写真と共に、「心をベースに経営する。」として、「人の心はうつろいやすく変わりやすいものといわれますが、また同時にこれほど強固なものもないのです。その強い心のつながりをベースにしてきた経営、ここに京セラの原点があります。」と書かれています。

このページにも、武士道の重要な考え方がちりばめられています。

敬天愛人（天を敬い人を愛すること）は、武士道の究極の理想像と言われる西郷隆盛が残した言葉です。武士道の中核には「義」という徳が置かれていますが、これは、正しきことを追求し実践することでもあり、公明正大に人類社会の進歩発展に貢献することに他なりません。

共に生きることや豊かな調和を目指すことは、天を相手にして生きることを目指す武士道における生き方・在り方に通じる考え方です。

もともと稲盛和夫さんは、西郷隆盛を信奉し、1997年9月に臨済宗妙心寺派の専門道場である円福寺（京都府八幡市）で得度、「大和《だいわ》」の僧名を授かった宗教家でもあったのです。

武士道は神道・仏教・儒教の教えが融合したものですから、稲盛和夫さんが創業した京セラの社是・経営理念が武士道の体現に見えるのも当たり前かもしれません。それでも私にとって最も励みになるのは、京セラのような企業が、いまだ現代の日本を代表する会社として存在していることです。理念は地球規模のものを掲げながら、事業面では理念とはかけ離れている企業も多くありますし、理念を大切にするよりは目先の利益を重んじる方が業績が上がるという主張もあります。

そういった企業や事業を否定するつもりはありませんが、その先の未来には何が待っているのだろうか？　その先の未来は、多くの人にとって明るいものだろうか？　と感じることがあるのです。

稲盛和夫さんが京セラで成し遂げ、無給でＪＡＬを再建した道筋の中に、その答えがあるのかもしれません。

王貞治は武士道の象徴である日本刀の素振りで、力が伝わる振りの感覚をつかんだ

偉大なホームラン打者王貞治さんは、現在福岡ソフトバンクホークスの名誉会長となっています。

現役時代は、有名な一本足打法でホームランを量産し、生涯通算868本のホームランを打ち、セ・リーグ本塁打王15回を獲得し、プロ通算打率は.301と3割を超える等、驚異的な成績を残しています。

プロ入団4年目の1962年に一本足打法へのフォーム改造によって本塁打を量産するようになりましたが、その習得過程で日本刀を使った練習を取り入れていたことは有名な話です。

一本足打法は右足を大きく上げて打つため、投手にタイミングをずらされると

打てなくなるという弱点を持っていました。

その克服のために取り入れられたのが、日本刀を使ったトレーニングだと言われています。

それは強くて速いスイングを身に付けるために、バットより重い日本刀を振り、上から下へと振り下ろす感覚を磨くためでした。いわゆるダウンスイングです。打つ瞬間は、糸に吊るした紙を切るように素振りの練習をしました。

強くて速いダウンスイングで、空中に不安定にぶら下がる紙を、切り裂くような素振りを、繰り返し練習し、その猛練習振りは、後の野村監督が見学に来て、「あれだけの練習をしたのだから、世界記録を作っても不思議ではない」と言ったというエピソードが残っているほどです。

王さんが練習した部屋の畳は擦り切れ、足からが血しぶきがあがっていた、などという話も残っています。自らの足から血が飛び出すほどの激しさで、何千回、何万回、何十万回と素振りという「型稽古」を繰り返し、究極の型を身に付ける。

しかも練習では、日本刀を使った正しいフォームの習得と、不安定に吊り下げられた紙を切る練習を繰り返し、まさに切る間合いを身に付けていたことは、武道の稽古に相通ずるものがあります。

その王貞治さんは、こう言っています。
「努力は必ず報われる。もし報われない努力があるのならば、それはまだ努力と呼べない」

人並み外れた練習をこなす人が話す言葉には、重みがあります。
彼がもし武術に打ち込んだならば、どんな達人の域に到達したのだろうかと想像しただけで、身が震える思いがします。

第4章

ビジネスや日常に活かしたい武士道の教え

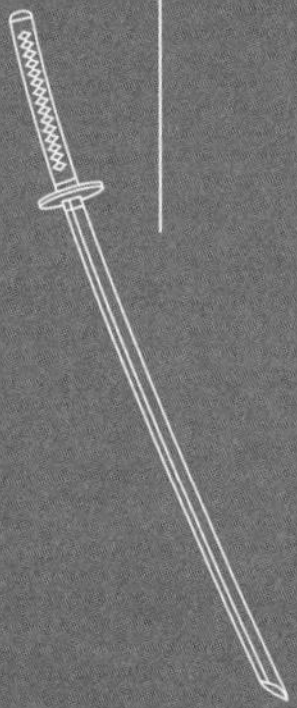

「武士に二言はない」は、「はじめに言った言葉を翻してはいけない」の意味で、約束の大切さを教えてくれる

「二言」とは、一度口にしたことと違うことをその次の言葉で発することを指し示しています。ですから「武士に二言はない」とは、「武士は一度言ったことは曲げずに貫き通すものだ」という意味のことわざなのです。

武士にとって、一度口にしたことを取り消して約束を破ることは、ご法度でした。それは、面目とか信義などを重んじていたからです。場合によっては、約束を破った、すなわち嘘をついたということで責任が問われ、切腹することになる武士もいたほどです。そのくらい、武士は一度でも口にしたことを守り通すことが求められ、武士が一度でも口にしたとなれば、これほど信頼するに値する約束はない、との世間的な認識が築かれていったのです。

「武士に二言はない」ということわざは、その類義語を調べると、面白いことが分かります。

主な類義語の例として、三つを挙げてみます。

①有言実行…言ったことを必ず実行すること。宣言したことを成し遂げること
②言行一致…言ったことと実際の行動が一致していること。矛盾がない様子
③初志貫徹…最初に心に決めた志を最後までやり通すこと

また反対の意味となる対義語も三つ挙げておきます。

①二転三転…人の発言や物事の方針などが、一定に定まらないこと
②朝令暮改…命令や政令などが頻繁に変更され定まらないこと
③荒唐無稽…言説などがでたらめで、拠り所がないさま

類義語と対義語を見ると、「武士に二言はない」は、言葉を大切にする、約束を守る、言動が一定に定まっていることを言っていることが分かります。つまり、

言葉が重いのです。

発した言葉が約束となり、そこからブレないことを指す「武士に二言はない」は、改めて実践が難しいことですが、守ることで多くの人から信頼を勝ち得る姿がイメージできる言葉です。

「武士の一分」は、「命を懸けて名誉を守る」ことで目的意識を持って迷わないために必須

「目的」を見失わず意識し続けることが大切なのは、言うまでもありません。目的さえしっかり押さえておけば、どのような急激な環境変化が起こっても、大きい道筋を間違えることなく、常に前進し続けることはできるでしょう。

しかし、ただそれだけのことが、どのくらい難しいかも、多くの人が知っていることと思います。

武士道という観点で言えば、武士が武士として生きる時必ず守るべきで、目的意識とも言えるものに、**「武士の一分」**があります。

「武士の一分」は、「武士・侍が命を懸けて守らなければならない名誉や面目」

という意味です。

「一分」とは、「一つの理屈」という意味で、文字通りに読めば、「武士の一分」は、武士・侍として通すべき一つの筋道、というだけの意味です。

ただ武士にとっては、忠義や名誉こそ、最も大切にすべきことですから、「武士の一分」と表現した場合は、「一つの理屈・筋道」というだけでは足りず、**「命を懸けて守らなければならない名誉」**という意味になるのです。

大切なことを、命を懸けてまで守り抜くことを身上とするのは、まさに『葉隠』で言うように、「武士道は死ぬことと見つけたり」を体現する厳しい姿勢であるようにも感じられます。

この意味をじっくりと味わえる名作と言ってよい映画があります。

2006年に公開された木村拓哉さん主演『武士の一分』です。

原作は藤沢周平の短編小説『盲目剣谺返し』で1980年に書かれ、『新装版隠し剣秋風抄』（文藝春秋）に収録されています。

松竹株式会社の公式ホームページでは、次のように紹介されています。

「役目のため失明した下級武士を支える妻と中間、そして一分を通すため復讐に挑む侍の姿を描く。主役の武士に木村拓哉。その妻に映画初出演の壇れいが扮し、（中略）夫婦の愛の物語であり、白刃閃く復讐譚でもある」

（あらすじ）

三村新之丞（木村拓哉）は、近習組に勤める下級武士。毒見役という役目に嫌気がさしながらも、美しい妻・加世（檀れい）と中間の徳平（笹野高史）と平和な毎日を送っていた。

ある日、毒見の後、新之丞は激しい腹痛に襲われる。あやうく一命はとりとめたが、高熱にうなされ、意識を取り戻した時は、視力を失っていた。

人の世話なしで生きられなくなった自分を恥じ、一度は命を絶とうとしたが、加世と徳平のために思い留まった。ある日、加世が外で男と密会しているという噂を聞く。新之丞は徳平に尾行をさせ、加世が番頭・島田（十代目坂東三津

五郎）と密会していることを知る・・・。（松竹株式会社　作品データベースより）

これからご覧になる方のために、これ以上ストーリーを書くことはできませんが、最終的には、騙されてしまった妻・加世のために、盲目でありながら戦いを挑む木村拓哉扮する三村新之丞が、クライマックスシーンで、

「武士の一分じゃ。」

というセリフを発します。

相手は、剣の名手であり武士の社会の有力者でもあります。とても敵わない相手と知りながら、命を懸けて守るべき妻や名誉のために盲目の武士が挑むことが、観る者の涙を誘う名作だと思います。

木村拓哉さんが、戦いに挑む姿には鬼気迫るものがあり、クライマックスシーンは、まさに命を懸けてでも「武士の一分」を貫き通す覚悟が見える、名シーンといっても過言ではありません。

この映画を観て、「命をかけてでも守るべき何か」や、大切なものを守り続けることの意味を考える機会を持ってみてはいかがでしょうか。

「武士は食わねど高楊枝」は、気品高く生きるという価値観である

「武士は食わねど高楊枝」という言葉があります。
この言葉は、「誇り高い武士は、どんなに貧しくてお腹が空いていても、腹いっぱい食べたかのように高々と楊枝を使って見せて、見栄を張らなければいけない」という武士の高潔さを表したものです。

平たく言えば、「やせ我慢」のことです。

武士は、理想の武士としての在り方を貫くためなら、どんなに辛くても、やせ我慢しなきゃいけない、ということです。そしてこれが**「克己」**の手始めと考えればよい、と私は感じています。
意味のない我慢ではなく、理想に向けて意味のある「やせ我慢」であることが

大切です。

ただ、いきなり大義のためとかでなくて、構いません。

小さなことから始めて、その積み重ねが理想に向かっていればよい。積み上げる過程こそが、「克己」という意味なのです。やがて、この先に「自分に打ち克つ」とか「自らの理想に殉ずる」といった世界を目指す時が、本当の武士道を実現する時です。


いつの日か、生涯のうち一度でも、理想の境地に立っていられたらよいという気持ちで、そのための一歩一歩を毎日歩んでいることで十分です。

武士道は、武士の道です。道とは、究極の理想を目指し続けることを意味しています。

今できていることを求めているのではありません。目指し続けていることが大事です。

武士道という道を、「やせ我慢」から歩き始めてみましょう。

一日一日、ほんの少しだけ「やせ我慢」してみましょう。
その内に、本物で骨太の「武士道という道」を歩いている自分に気づけます。

真の忠義とは、正しさから逃げないことである

日本で昔から多くの方に愛されている物語に、『忠臣蔵』があります。

この物語は、元禄15年（1702年）旧暦12月14日、大石内蔵助をはじめとする四十七人の浪士たちが、主君浅野内匠頭の仇討ちのために、吉良邸に討ち入りし、吉良上野介を討ったというもので、事件当時から江戸庶民の注目を集めて、「忠臣蔵物」という数多くの作品群が生み出され、忠義の物語として庶民に愛されたのです。

この『忠臣蔵』という物語は、「元禄赤穂事件」という史実をもとにしたフィクションです。

史実として記録されている「元禄赤穂事件」は二つの事件から成っています。

⑴元禄14年（1701年）旧暦3月14日の浅野（または松の廊下）刃傷事件
この事件は、江戸城内松の廊下で、浅野内匠頭が、吉良上野介に斬りかかり手傷を負わせた結果、切腹を命じられました
⑵元禄15年（1702年）旧暦12月14日の浅野浪士の吉良邸討ち入り事件
赤穂五万石の藩士三百八十余名の内、四十七人の浪士が、切腹した浅野内匠頭の仇討ちとして吉良邸に討ち入り、吉良上野介を討った後、切腹を命じられました

この二つの事件に、後年様々な脚色や、実在しなかった人物を創作して登場させたりして、『忠臣蔵』というストーリーが成立していきました。

具体的には1748年（寛延元年）初演の人形浄瑠璃「仮名手本忠臣蔵」として上演され、その後、歌舞伎に発展したのです。ストーリーは、一般受けするよう、悪者：吉良上野介、善者：赤穂浪士と設定し、善が悪を懲らしめる、いわゆる勧善懲悪ものに仕立てられました。さらに、善者である赤穂の四十七人の浪士たちが、恨みを持ってこの世を去った旧主：浅野内匠頭の墓前に、吉良上野介の首を供えるまでの一連の行動を、「忠義」として讃える内容に仕立てられたことで、大衆の支持を得ることとなりました。

重ねて申し上げますが、この物語は史実に端を発してはいますが、あくまでもフィクションであるというのが定説ですし、私自身もそのように考えています。しかし、多くの日本人がこの物語を愛し讃えてきたのは、物語としての脚色の面白さに加え、**「忠義」という武士道にとって重要な徳目を大切にしてきたことの反映だから、と言えるのです。**

この物語について、もう少し書き加え、私なりの考察を加えてみたいと思います。

事件が起こった当時、幕府は明文化されてはいませんでしたが、戦国時代に始まる「喧嘩両成敗」という考え方・原則を維持していました。

この考え方・原則に従えば、江戸城内での刃傷事件の当事者の二名の内、斬りかかった側とは言え、浅野内匠頭だけが即日切腹を命じられたことは、**「喧嘩両成敗」**という原則を無視したことだ、とも言えます。ですから赤穂浪士たちは亡くなった旧主である浅野内匠頭に対する忠義を守るために討ち入り、仇討ちに及んだのである、との理屈になります。

一方で、当時の幕府は、武士たちに「忠義の士」であることを守らせながら、この事件の裁きを収めたいと考えていたのではないか、というのが私の仮説です。

元禄14年に浅野内匠頭が吉良上野介に斬りかかった事件への裁きはともかく、吉良邸討ち入りにおいて吉良上野介の命を奪ったことに対し、赤穂浪士たちに切腹を命じ、喧嘩両成敗の考え方を維持しつつ、幕府の権威を保った。一方で、世間が赤穂浪士たちの行いを「忠義」の物語として讃え、様々な芸能に取り上げることを禁じなかった。それはつまり、忠義という精神の大切さについて、民間に流行する芸能を通じて、武士および民衆への浸透を図った、と考えられるのではないか、と思うのです。

結果として、この策は見事に決まったとみてよいでしょう。武士たちには「忠義」を重んじる価値観の維持と、幕府内での武力衝突を禁ずる姿勢（喧嘩両成敗の原則維持）を明確にした一方で、大衆には忠臣蔵を忠義の物語として長く愛することを通じて、忠義の大切さを訴えかけることに成功したのです。

忠臣蔵の物語が伝えたのは、**自身の信念に基づいた正しさから逃げずに立ち向かうことの大切さ**だったのです。

型稽古は、数万回から数十万回の繰り返しで、心身一如に至る

日本に古くから伝わる伝統的な考え方に、「型」があります。

知恵の結晶であり、最も効率的な練習方法でもあり、「型」によって個人や流儀の最も大きな特徴が現れるものでもあります。現代語に言い換えるならば、「基本フォーム」とも言えなくもないですが、「型」が持つ本質は、単なるフォームだけに留まりません。

日本文化における「型」とは何か。

とてもシンプルでありながら、言い表すのが極端に難しい問いです。

日本文化を象徴するともいえる「型」については、多くの先人や賢人が語っています。

その内のいくつかを紹介し、「型」の神髄に迫ってみたいと思います。

1 野中郁次郎氏

知識創造理論を世界に広め、ナレッジマネジメントの権威である一橋大学名誉教授の野中郁次郎先生は、2008年5月のウォールストリートジャーナル「最も影響力のあるビジネス思想家トップ20」に選ばれた経営学分野の権威ですが、日本の伝統的な考え方である「型」について、以下のように書いています。

▼「型」とは、日本にある伝統的な知の作法
▼当該領域で達人たちが理想とする行動プログラムの本質を凝縮したもの
▼個人や組織の価値観や行動様式のエッセンスである〝プロセス知〟のこと
▼良い「型」は人に自由を保証し、優れた「型」は〝真・善・美〟を追求する無限の自己革新プロセスを組み込んでいる
▼「型」は自由度の高い創造の母型（アーキタイプ）としての機能を果たす
▼「型」の特徴は、「求道」「綜合」「概念」「共創」の四つのキーワードで表現できる

2 小山龍介氏

名古屋商科大学ビジネススクール准教授であり、松竹株式会社新規事業プロ

デューサーとして歌舞伎をテーマに新規事業を立ち上げた経験を持つ小山龍介氏は、自らも能を嗜んでいる経験を踏まえ、あるインタビューで型について以下のように答えています。

「〝型を踏襲する〟という学びによって、私とその世界を分離することなく、その世界に身を投じ、その世界の何かと一体化することができ、学びが等価交換を超えていく」

つまり、型に没入し、心身一如の境地を獲得することで、そこから得られる学びは、修行に投じたものとは比較にならぬ大きさになってかえってくることを示唆しています。

もちろん、見返りを前提とした心境では「一体化」と言える心身一如の状態ではありませんから、大きなものを得るためではなく、すべてを投じて型を「踏襲」するという覚悟がなければならない点が、型稽古の難しい点である、と言えます。

3　塩田剛三

合気道の達人塩田剛三の著書から引用します。

「合気道は型稽古が中心です。この型だけを見て、実戦的じゃないなどと言う人がいますが、それは見当違いというものです。

・・・型稽古というのは、倒し合いではないのです。どういう体勢に持っていったら相手が崩れるのか、そのためには自分の体をどう動かし、どういう力の使い方をするかを学ぶための練習方法なのです。実際に相手と闘うときに必ずこう動かなければならないと言っているわけではないことを、まず知っておく必要があります。

・・・基本技を反復練習し、相手のいろんな力に応じた体の動かし方を身につけてから、次の段階では、それをもっと変化のある動きの中で使いこなせるよう稽古していけばいいのです。」（『合気道修行：対すれば相和す』（竹内書店新社　２１１～２１４ページ）

私なりの解釈では、「型」を稽古することで基本技を習得した上で、実践では、そのまま使うのではなく、変化のある動きの中で「自由に使いこなす」こと、つまり自由な組み合わせを変幻自在に無意識に操れるレベルまで、徹底的に基本を体に覚えこませることが大切である、と教えていると思います。

先人・賢人たちの「型」についての認識を踏まえ、現在私自身はこのように感じています。

型という知の作法・プロセス知を心と身体で学ぶことで、絶えず自己革新を起こし続けられる身心を作り上げることができます。そうした身心はまた、常に学びを創造に変換することができるクリエイティブな装置でもあります。

先人たちが作り上げた、洗練された「型」を幾万回と繰り返し修練し、マンネリや飽きを超越した領域では、「型」による自由が生まれ心と身体が一体となった、創造的な所作が可能となる。それは、「型」によって心身一如の境地が生み出される瞬間であり、型稽古はその領域に至るための、最短で最速の方法と言えます。

さらに、何世代もの先人たちが繰り返し創造してきた「型」であれば、伝統と歴史と文化に裏打ちされ熟成された、さらに奥深い境地が込められていて、型稽古による新たな境地の発見は、生涯続きます。

前出の小山龍介氏は、能を学び、型を稽古する意味をこう表現しています。
「人生を超えた時間によって熟成された大きな歴史を足場に持つことで、堂々と自己表現できるようになる」

まさに、武士道という伝統と歴史のエッセンスを型として学んで身に付け、そこに足場を持つことで、心身一如の境地に立ち、堂々と世界と渡り合うことができるようになることは、世界を目指すビジネスパーソンの目指す姿として、とても素敵だと思うのです。

「足るを知る」ことの大切さを教える「座して半畳、寝て一畳」

「座して半畳、寝て一畳」という言葉の発祥については、諸説入り乱れていて、いまだ定説がありません。織田信長、豊臣秀吉など昔の戦国武将の名言とする説や、夏目漱石が言った言葉という説、仏教の教えであるとする説まであります。

語源や発祥は不明ではありますが、大意としては、人は起きて座っている時でも半畳・寝る時でも一畳の空間があれば十分であり、それは身分には関係ない、というものです。

もっとシンプルに言えば、「足ることを知って生きることが大切だと説く教え」と考えるのが妥当だと思います。戦いの日々に身を置いていた戦国武将が言ったとしても、違和感はありませんし、かつては『花の慶次』という人気漫画にも取り上げられました。

現代のように豊かな時代では、清貧の思想を持つことは難しいかもしれませんが、「足るを知る」という考え方は、武士道にとって大切な考え方といえます。

名将楠木正成の名言に「足ることを知って及ばぬことを思うな」という言葉があります。

この素敵な言葉を、私はこのように解釈しています。

「足りていない部分よりも、足りている部分に目を向けろ。どうにもならないことで、あれこれ悩んでも解決はしない。今、できる最大限のことを継続させてこそ、先の道も開かれていくものだ」

変化が激しく、自分ではどうにもならないことが多い時代ですが、自らを前向きにさせてくれるこの名言を胸に、一日一日と前を向いて、大切に生きていく。そんな毎日を続けることで、未来への希望を描いて行けるはず、と感じながら生きています。

しょせん人間なんて、何が起こったって「座して半畳、寝て一畳」あれば、十分に生きていけるのですから。

さあ今日も一日、「足ることを知って」前を向いていきましょう。

「〝武士道〟は死ぬ事と見つけたり」の真の意味は、迷いを捨てて一心に取り組むことである

「武士道と云ふは、死ぬ事と見つけたり」は、『葉隠』という武士道書に書かれている、有名な一節です。むしろ、「武士道」という言葉を聞くと、「死ぬ事と見つけたり」を連想する方が多いかもしれません。

それほどに有名なフレーズを生み出した『葉隠』とは、どんな書物だったのでしょうか？

佐賀の鍋島藩第二代当主・鍋島光茂公の侍臣であった山本常朝《つねとも》が出家して後に語った内容を、田代陣基《つらもと》が筆記してできあがった書物です。

佐賀鍋島藩の武士の誇りを後世に伝えるべく書かれたとされていますから、長く鍋島藩で読み継がれていた書物でした。

『葉隠』が書かれた江戸時代では、あまり広く読まれた書物ではなく、佐賀鍋島藩内の一部の武士に読まれていた程度だったと言われています。

ところが、この『葉隠』が廉価な文庫本で、和辻哲郎・古川哲史両氏により昭和15年から16年にかけて三巻本として発売され、これにより日本中に『葉隠』が普及したのです。その後は、多くの著名人にも愛される書物となったのです。その一人である、世界的な人気を誇る日本の天才作家三島由紀夫は、『葉隠』を愛するがゆえに、自ら筆を執って『葉隠入門』（新潮文庫）という本を書き上げたほどでした。

三島由紀夫は、『葉隠』を「戦時中にもてはやされた」という理由で「忘れ去らるべき汚らわしい本の一つと考え

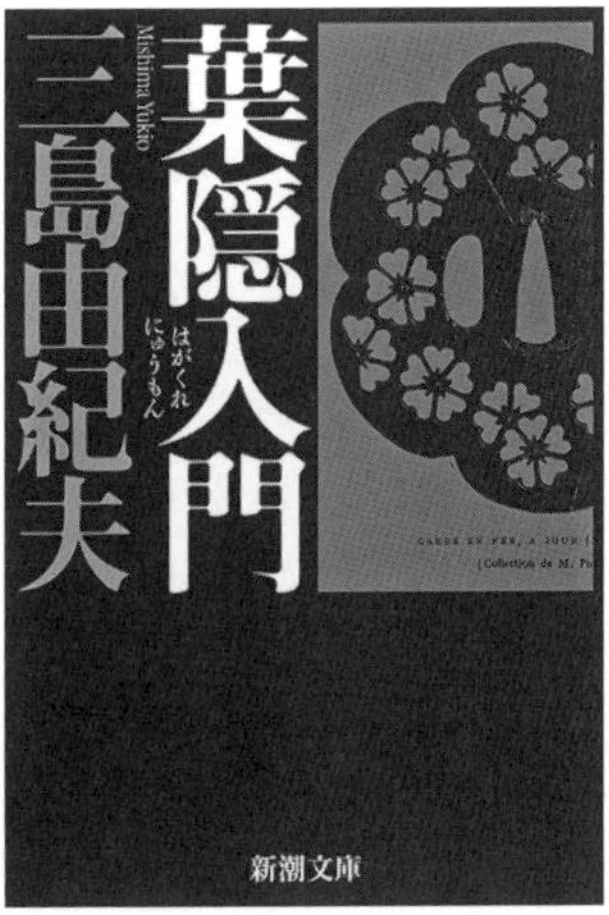

られた」が、これは違うと主張しています。

『葉隠』をさして、「これは自由を説いた書物」「情熱を説いた書物」であるとし、「武士道と云ふは、死ぬ事と見つけたり」というその一句自体が、この本全体を象徴する逆説」であり、「そこに、この本から生きる力を与えられる最大の理由を見出した。」とも言っています。

つまり、『葉隠』は死ぬことを推奨する本ではなく、生きる力を与えるために、あえて逆説的な言い方をしている、ということなのです。

確かに、『葉隠　上』（和辻哲郎著　古川哲史校訂　岩波書店）から引用すると、このように言っているのです。

「武士道といふは、死ぬ事と見つけたり。二つ〳〵の場にて、早く死ぬかたに片付くばかりなり。別に仔細なし。胸すわつて進むなり。圖に當たらぬは犬死などといふ事は、上方風の打ち上りたる武道なるべし。二つ〳〵の場にて、圖に當るやうにわかることは、及ばざることなり。我人、生きる方がすきなり。多分すき

の方に理が付くべし。若し圖にはづれて生きたらば、腰抜けなり。この境危ふきなり。」（23ページ）

（大意）

武士道の本質は、死ぬ事にあるとわかった。生と死の二つの道がある時、複雑に考えず腹を据えて、早く死ぬ方を選ぶべきなのだ。やり遂げぬうちに死ぬのは犬死だなどというのは、打算的な武士道と言える。二者択一を求められた時、絶対に間違いのない道を選ぶのは、大変に難しいことである。人は誰でも死ぬより生きる方がよいに決まってるから、多かれ少なかれ生きる方に理由が多くついてしまうものだ。生きる方を選んだ時、失敗しても生きているのなら、腰抜けと言われてしまうだろう。そのあたりが、難しいのだ。

また、

「もし私たちが重大な選択を迫られた時には、より自分が嫌いな方を選んだ方がよい。その方が、決定的な判断ミスを避けることができる。」

と教えてくれています。

これを私なりに少しかみ砕いて、次のように考えています。
「人は誰しも、無意識の内に自分が好きな方を、何かと理屈を付けて正当化してしまうもの。でもそれは無意識の正当化なので、避けることが難しく、正しい選択を妨げる恐れが大きい。だから無意識に自分が避けようとする方向、武士であれば死に近い方向を選ぶことを、常に心に決めておく。そうすることで、迷いを捨てることができ、選んだ道に一心に取り組むことができるのだから。」

人生が判断の積み重ねであるとするならば、できる限りその積み重ねがより良いものであれば、より良い人生を生きることが可能になります。武士としての本分を果たしより良く生きるために、シンプルな判断基準として「死に近いと思える、無意識に避けたい選択肢を迷わず選ぶ」を持つべきであることを、覚えやすく後世の武士たちに教えた名フレーズが、「武士道と云ふは、死ぬ事と見つけたり」なのです。

変化の激しい現代に生きる我々こそ、迷いを捨ててシンプルに生きるために、心に刻んでいきたい教えです。

第5章

統率力と共感力を兼ね備えたビジネスリーダーになるための武士道の教え

武士の道徳規範だった武士道は、責任ある優れたリーダーになるための教えである

武士の教養書の基本は、「四書五経」です。

「四書五経」は、中国でリーダー育成の書としてまとめられた書物でした。

「四書五経」はもともと古代中国に端を発しますが、それは中国の古代国家が優れたリーダーを得るために、リーダーを養成するためのカリキュラムとテキストを作り、計画的に優れたリーダーを生み出すことを目指したものでした。

リーダー養成テキストとして、まず選ばれたのが「五経」です。

『易経』『詩経』『書経』『春秋』『礼記』が五経と呼ばれます。

そこに後年『大学』『論語』『孟子』『中庸』の四書が加わり、合わせて「四書五経」となりました。

中国古代国家が生み出したリーダー養成テキスト「四書五経」は、やがて海を越えて日本に伝わり、武士道教育の根幹となりました。

日本においても、国家を治めリードする存在たる武士は、このリーダー養成テキストを修めることが必須教養とされたのです。では、どのような内容が書かれているのか。

簡単に言うと、「世の森羅万象を捉え、リーダーとしてどのような世界観を持ち、どのような人間性を持ち、どのように処し、どのように人々を統べ、国家を治めていくのか」ということが書かれています。テーマは遠大で、捉えどころがないように思えます。

しかし、東洋思想研究家田口佳史氏は、「四書五経」で説かれているリーダーの要件を一言で言えば、「仁義礼智信の五常」である、と言います。

この五常こそが、「優れたリーダーの不可欠な要件、あるべき姿であり、したがって自己鍛錬の要点」だ、と言います。

私は、優れたリーダーに必要な要件を、これほどまでにシンプルかつ適切に表現した言葉を、他に知りません。この「仁義礼智信」を根幹とした武士道は、さらに神道や仏教のエッセンスを加えて、優れたリーダー育成に磨きをかけていきました。そして、そういったリーダーのあるべき姿として武士が守るべき規範が、武士以外の多くの民も理解を深めることで、日本全体にまで普及していきました。

もともとリーダーの規範であった教えを、リーダー以外の多くの人々が理解することにより、人は自ら考え自ら行動することができるようになり、日本という国家を築き続けてきたのです。

私たち現代人も、今後の日本や世界に向けて、そういった伝統文化の伝承を担うべき存在であるはずなのです。ぜひ伝統的な教えや価値観、考え方を理解し、我々のルーツを知った上で、良いものを未来に語り継いでいきたいものです。それが、武士道を目指し究め続けてきた多くの先人たちが、現代日本に求めていることなのではないでしょうか。

武道の極意「残心」で油断のない心と美しい所作をマスターする

武道だけでなく、茶道や芸道など、あらゆる「道」という言葉のつく世界では、「残心《ざんしん》」の大切さが説かれます。残心は心構えであり、所作を表す言葉でもあります。

もともと戦場において、倒れている敵に注意を払わず油断すれば、**隙をついて反撃が来ることがありえたので、それを防ぎ勝利へと導くために、持っていなければならないのが「残心」**です。

剣道の試合では現在でも、一本を取っても、ガッツポーズをした場合には、それえが取り消されることがあるようです。これは、相手への礼を失したということなのですが、元をたどれば、戦場において最後まで油断せず勝ち切るための実戦的な面からでもあると考えられます。

他にも、茶道においては、お客様が帰った後にもその余韻を大切にすることで一期一会を噛みしめることが大切とされています。

千利休の言葉に、次のようなものがあります。

「何にても置き付けかへる手離れは　恋しき人にわかるゝと知れ」

（茶道具から手を離す時は、恋しい人と別れる時のような余韻を持たせよ）

この言葉も、「残心」と同じ意識の大切さを説いたもの、との解釈があります。

私が修練し続けてきた、吟剣詩舞道の世界でも、

「美しい所作は残心に極まる」

ということが、厳しく教えられます。能や日本舞踊といった他の伝統芸能の世界でも同様です。

一つの所作の終わりには、最後の最後まで気を抜かず、体の端々まで神経を行き渡らせて、まさに「お仕舞い」まで神経を行き渡らせ、心を尽くすことが大切とされます。

なぜなら、一つの所作の終わりは、まさにシームレスに次の所作の始まりに通じていて、そこに途切れは許されないからです。人の命の連鎖が途切れずに続いてきたことと同じくらいの重みで、舞うことにも途切れることが許されないのだ、と舞い手は自覚し、所作の終わりが次の所作の始まりにつながり連鎖するように舞わなければならないのです。

「お仕舞い」は終わりでなく、始まりの合図でもない。いわば終わりの始まりなのです。それは舞を通じて日本に受け継がれてきた美意識であり、武士道においても残心の精神性は、しっかりと引き継がれています。武士道を通じて、残心を知り、日本文化全体に通ずる精神性に触れてみるのも素晴らしい経験になるはずです。

「五常の徳：仁義礼智信」とは、魂の基本・人としての土台である

五常の徳は、武士道の基本の一つである儒教の考え方からきています。

色	地位	
紫	高い	大徳
		小徳
青		大仁
		小仁
赤		大礼
		小礼
黄		大信
		小信
白		大義
		小義
黒		大智
	低い	小智

「仁」他を思いやり、いつくしむ行い
「義」人間の行うべき筋道を守ること
「礼」社会の秩序を保ち実践する行い
「智」是非や善悪を識別する心と行い
「信」欺かない。言をたがえないこと
（『リーダーの指針　東洋思考』田口佳史著　かんき出版）

この五常のすべてを満たした状態を

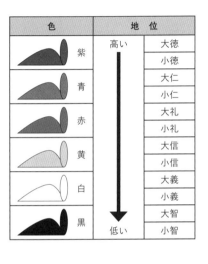

「徳」と称して、全部で6段階とし、そのそれぞれを2段階に分けることで、合計を6×2＝12段階とした日本最初の官僚制度が、聖徳太子が設計したと言われる「冠位十二階」です。

聖徳太子は十七条の憲法において、「和を以て貴しとなす」として、この国の民の本質を「和」のひとことで見事に表現したのですが、人間の徳の考察にも優れた観察眼を持っていたと思われます。

官僚の身分制度に人間の徳性を置くということは、もちろん人間として徳のレベルが高い人ほど、高位の役職に就き、国を率いるリーダーとして活躍すべき、という理想を現実化したということです。現代とは大きく異なる考え方と言えますが、本来人としてのあるべき姿を追求した徳という考え方は、古来より人間社会を形成する規範であったと言えますし、技術や環境がいくら変化しようとも、たかだか数千年では人間の本質が大きく変化しているわけではありませんので、現代社会にも、十分に通用する考え方と言えます。

武士道も基盤としている五常「仁《じん》義《ぎ》礼《れい》智《ち》信《しん》」。
読み上げた時の心地よいリズムと共に、覚えておいて損はありません。

「五常の徳：仁義礼智信」で自分軸を確立する

五常の徳「仁義礼智信」は、数千年間にわたって受け継がれてきた、人間の徳の基盤となる考え方です。武士道にもしっかりと受け継がれ、江戸時代に発達した寺子屋という素晴らしい教育システムにも、その精神は引き継がれました。

徳川家康が１６１５年大坂夏の陣で豊臣を滅ぼしてから、１８６７年大政奉還までのおよそ２５０年にわたって平和な時代が続き、高まった一般大衆の教育熱が、寺子屋というシステムに結実しました。幕府支配は、原則的に民事には介入しないもので、寺子屋の開業に許認可は必要なく、誰でも自由に寺子屋を開業できました。一説によると、最高で6万程度の寺子屋があったのではないか、と言われています。

入退学は自由、教育内容とした読み書き・算盤について、師匠が自由裁量によって教育した寺子屋は、子供を通わせる親に支えられ、日本全体で子供を育てる教育システムとなりました。

主なシステムは、現代で言う個別指導塾のような形式でした。

寺子屋が最終的に目指した教育のあるべき姿は、**実用的な読み書き・算盤の習熟と人間形成の基礎となる教育・しつけ**でした。

人間形成の基本的な考え方は、四つの端緒を徹底する**「四端教育」**でした。

四つの端緒、すなわち四端とは、孟子によると「心の作用にある四つの要因であり、誰にでも自然に備わっている心の作用である」というものです。

惻隠の心・羞悪の心・辞譲の心・是非の心の四つです。

そしてこの四つは、端緒として何に育っていくのかと言うと、

惻隠の心……………「仁」

羞悪の心……………「義」
辞譲の心……………「礼」
是非の心……………「智」

つまり、仁義礼智という人間の徳に育っていく端緒である、というのです。

自然に備わっている四つの端緒が育つことで、立派な人間になり秀でたリーダーとしての人間基盤となる、そういう基礎教育の柱があったのです。こういった人間性の基礎・基盤をじっくりと育み、その基礎・基盤の上にスキル・経験を積み重ねることは、現代にも通じるリーダー育成方針となり得るものです。

一歩先を見通すことも難しいVUCAの時代においてさえ、人間性の基礎・基盤が盤石であるとするならば、グローバルに通用する自分軸が確立できるのではないでしょうか。まずは自らに備わっている端緒である「四端」を自覚し、「仁義礼智」という徳の完成を目指すことから始めてみませんか。

迷った時は「五常の徳のリストに戻り内省する」と決めると心の強さが手に入る

五常の徳は、これまで述べてきたように、人間性の基盤となる徳として、常に自らに問いかけていきたい素養です。ただ常にこれを意識し続けることは、実際には難しいものです。

そこで、私が実践している考え方をご紹介したいと思います。
それは、五常の徳「仁義礼智信」を、自らの心の持ち様・在り方を客観的にチェックするための五項目、つまり五つのチェックリストと考えておく、というものです。

この五つのチェックリストは、いつ振り返っても構いません。

▼リーダーであるあなたが、決断に迷った時
▼思い悩み過ぎて、前向きさを取り戻せない時
▼辛い出来事に心が張り裂けそうな時
▼失敗に心を奪われて、冷静に振り返ることができない時

どんな時でも、構いません。自分の心の軸が定まっていないな、と感じた時は、何度でも五常の徳を思い返すとよいでしょう。

仁・・・まず何よりも、すべてをいったん肯定的に捉え受け止めることができているか。
義・・・まっすぐに向き合って、正しく対処しよう・解決しようとしているか。
礼・・・怒りを敵とし、すべての関係者に真心を込めているか。謙虚であるか。
智・・・考えることを諦めていないか。考えることを他人の手にゆだねていないか。
信・・・以上のすべてを踏まえ、自分と周囲の人を信じる心を持てているか。

問題や悩みの大きさやありかによって、これらが左右されることはありません。なぜならこの五つのチェックリストは、本質的なものだからです。

薬で言えば、すぐに熱を下げてくれる解熱剤のような効果はありませんが、漢方薬のように滋養強壮に効き、身体の芯を強くすることで病を克服していけるよう、徐々に効き目を発揮するチェックリストです。

スピードが求められる時代ではありますが、時には基盤を強固にして成長することで、一時的な解決ではなく、問題そのものを解消してしまうような、本質的な心の基盤を整えてみることも大切だと思うのです。

それが、600年以上の長きにわたり、日本をリードし続けた武士が追求し続けた道なのです。

「仁義礼智信」のチェックリストに向き合うことは、歴史と伝統に思いを馳せ、自らの本質に向き合い、自らの基盤を整える時間を持つことにつながるのです。

効果は歴史と伝統が証明してくれているものです。安心して身を委ねてみてほ

第 5 章
統率力と共感力を兼ね備えた
ビジネスリーダーになるための武士道の教え

しいのです。

武士道で高める三つの要素「自分軸・処世術・リーダーシップ」

現代という時代に、改めて武士道を学ぶ意義や意味について、いくつかお伝えしたいと思います。武士道を教養として、心身一如（心と体は一体であるという意）に至るまで繰り返し学び、深く心に浸透させるべき理由はたくさんありますが、ここでは三つに絞り込んで整理してみます。

一つめの理由は、武士道の学びに**確固たる軸を打ち立てる**大切さが説かれていることです。自らの中に軸を打ち立てることは、現代的に言えば「自分軸」です。

武士道を生きた人々の言葉から、いくつか引用してみます。

▼「志を立てて、もって万事の源となす」（吉田松陰）

幕末の私塾「松下村塾」でのたった二年半ほどの活動で、後の明治維新で活躍する人材を多数育成した吉田松陰の言葉です。「志を立てることからすべてがはじまる」という意味ですから、志こそが確固たる自分軸であり、すべてのはじまりの地点ということになります。

この言葉は、処刑直前に江戸・小伝馬町牢屋敷の中で、松下村塾門下生たちに向けて書き上げられた「留魂録」に書かれています。「留魂録」には、他にも多くの印象的なフレーズが記されており、吉田松陰の死後、長州藩志士たちのバイブルとなり、明治維新の推進力の一つとなったと言われています。

他にも、幕末の維新の志士たちの源流の一つと言われる『言志四録』を書いた佐藤一斎は、志について多くの言葉を残しています。

▼**「立志の功は、恥を知るを以て要と為す。」（言志録七）**

志を達成するためには、実現できなかった場合の恥ずかしさを自覚することが大切という意味です。

▼**「立志の立の字は、豎立《じゅりつ》、標置《ひょうち》、不動の三義を兼《か》ぬ。」（言志耋録二十二）**

立志の「立」の字は、「まっすぐ立つこと（または、よりかからない、おもねらない等）」「目標を置くこと」「ゆるがないこと」の三つの意味を兼ねています。つまり、「立」の三つの意味である三拍子がそろって初めて「立志」といえる。現代に生きる我々にとって、自らの軸を打ち立てるために、立志を大切にした教えを学ぶことは、有益で意義深いものです。

「志を打ち立て、自らの軸を確立する」という考え方は、現代のビジネスシーンにも見られます。「本気になって、真剣に志を立てよう。生命《いのち》をかけるほどの思いで志を立てよう。志を立てれば、事はもはや半《なか》ばは達せられたといってよい。（中略）自分のためにも、他人《ひと》のためにも、そしておたがいの国、日本のためにも。」志を立てるのに、老いも若きもない。

（『道をひらく』松下幸之助著ＰＨＰ研究所14〜15ページ）

「夢は個人の願望。志は、多くの人の夢を叶えようとする気概です。夢は、こころよい願望だが、志は厳しい未来への挑戦である。」（ソフトバンク社長孫正義氏）

このようにビジネスの世界でも、志を打ち立てる大切さが説かれています。

成功を収めた人たちが大切にする自分軸を武士道を深く理解することで高めていきたいですね。

二つ目は**「処世術」**についてです。

自らの中に、大義に貫かれた、しっかりとした軸があるとしても、志は決して一人では成し得ません。周囲の人々とうまく付き合うことが必要です。武士道書と言われる書籍には、実は処世術が多く含まれているのです。

例えば「武士道と云ふは、死ぬ事と見つけたり」で有名な『葉隠』にも、こんな一説があります。

「意見と云ふは、先づその人の請くるるか、請けぬかの氣をよく見わけ（略）」

人に意見する場合は、相手が受け入れる状況にあるか否かをしっかり見極めてから意見しなければならない、という意味です。

「死」を念頭に置くほどの厳しさで武士としての生き方を全うすることを問うのに、同じ書の中で、処世術として身近な注意を与えてくれることが不思議ではありますが、「現実的に生きる」ことに真剣である、ということなのでしょう。

そして、三つ目に取り上げるのは**「リーダーシップ」**です。

多くの人と信頼関係を結ぶことができても、あなたの志を成し遂げるには、ともに戦ってくれる人たちを導かなければなりません。つまり、リーダーシップが必要です。

その点、武士道は600年を超える時間を積み重ね、「どのように民を治め、国を導くか」という帝王学やリーダーシップ発揮のための知恵を積み重ねてきました。リーダーシップや帝王学といった部分には、多くの名言や素晴らしい教えがありますので、挙げたらきりがありませんが、私にとってやっぱりこれ、という一文をご紹介したいと思います。

聡明にして重厚
威厳にして謙沖《けんちゅう》

人の上《かみ》たる者は当《まさ》に此《かく》の如くなるべし（『言志録』七九　佐藤一斎著）

（大意）
賢明で重々しい存在感があり穏やか、
威厳を伴い、謙虚さが湧き出てわだかまりがない。
上に立つ者は、このようにあらねばならない。

本当にリーダーシップを発揮でき、人を導ける人物は、そこにいるだけで何かを感じさせる人でなければなりません。でもそれだけなら、日頃リーダーシップを発揮している方は、何かが人と違う、と感じさせてくれるだけです。この教えでは、同時に謙虚さがにじみ出るような人物でなければならない、とも言っています。

存在感と謙虚さが同居する方には、なかなかお目にかかれないものですが、そういう人間性を備えることこそが、真のリーダーシップを獲得できる人だ、ということでしょう。

三つに絞ってお伝えしてきましたが、武士道で高めることができる三つの力「自分軸・処世術・リーダーシップ」は、もちろん武士としていざとなれば命を賭してでも、守るべきものを守り抜くという強さが基盤となっています。そういう強さを心身ともに鍛え上げつつ、三つの力を手に入れて、磨き上げていきましょう。

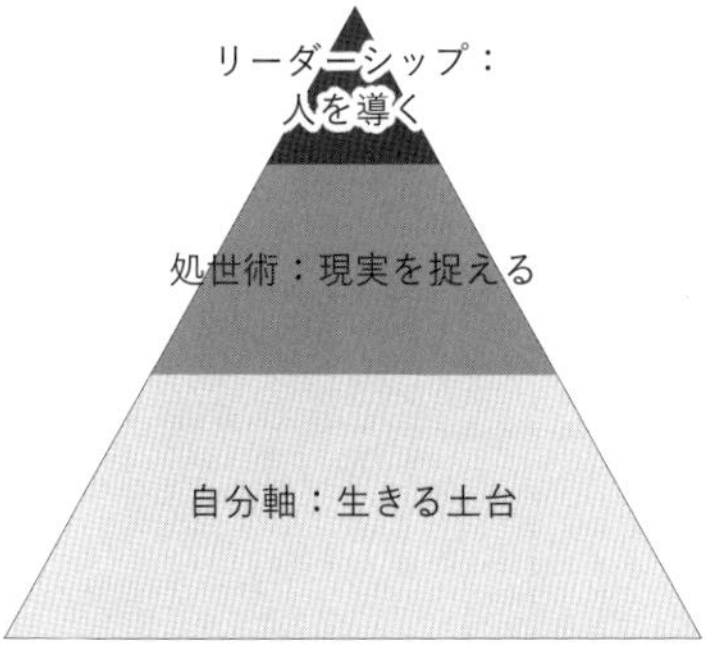

志しを成し遂げる3つの要素

『五輪書』からビジネスで圧倒的存在感を出す姿勢と視線の持ち方を学ぶ

宮本武蔵『五輪書』は、戦いにおいて敵と相対した時の身体の在り方について、次のように教えてくれます。少し長めですが引用します『五輪書』(宮本武蔵著　渡辺一郎校注　岩波書店45〜46ページ)。

「身のかゝり、顔はうつむかず、あをのかず、かたむかず、ひずまず、目をみださず、ひたいにしわをよせず、まゆあいにしわをよせて、目の玉うごかさざるやうにして、

またゝきをせぬやうにおもひて、目をすこしすくめるやうにして、うらやかに見ゆるかを、鼻すじ直《すぐ》にして、少しおとがいを出す心なり。」

（大意）
敵と向かう時、顔はうつむかず、上げ過ぎず、斜めにせず、歪ませず、目をきょろきょろせず、顔を顰めず、眉に力を入れて目玉を動かさず、瞬《またた》きを抑えて、少し遠くを見るような目で、落ち着いて眺め、鼻筋を通す様に真っ直ぐ立ち、少し顎《あご》を出す感じにする。

主に顔を中心とした注意事項だけで、こんなにたくさんあります。五輪書ではまだまだ以下のように続きます。

（続き）くびはうしろの筋を直に、うな

じに力をいれて、肩より惣身《そうみ》はひとしくおぼへ、両のかたをさげ、脊《せ》すじをろくに、尻を出さず、ひざより足先まで力を入れて、腰のかがまざるように腹をはり、くさびをしむるといひて、脇差《わきざし》のさやに腹をもたせて、帯のくつろがざるやうに、くさびをしむるといふおしへあり。

（大意）
首筋をまっすぐに伸ばし、うなじに力を入れ、肩から全身に気を回し、両肩は自然に垂らすように下げ、背筋をぴんとし、尻を突き出さずに、膝から下に足の先まで力を充実させ、腰が屈まないように腹に力を入れ、楔《くさび》を絞めると言われるところの脇差しの鞘に腹を押しつける感じで、帯が緩まないようにするという古来からの教えに従うこと

首・肩から下腹にかけての在り方と、下半身に力を入れて充実させる方法が、事細かに描かれています。特に帯を締めた下丹田を充実させるように言っていま す。『五輪書』が言う通りの在り方で敵に相対するのは、本当に難しいことです

が、こういった立ち方ができると、相手から見て自然体に見えるのに隙が無く、恐らく敵は、どこを攻めたらよいのか、攻めどころや弱点が見つからないな、と感じるでしょう。私自身も剣舞を舞う際に、姿勢面で注意すべきことについては、「水の巻」を大いに参考にしてきました。

また下丹田が充実しつつ、上半身がまっすぐでありながら肩を垂らすように下げた自然体は、ビジネスシーンにおいても、プレゼンテーションや多くの人の面前に立ち挨拶やスピーチをする時には、大いに参考になるものです。堂々とした隙のない姿勢・雰囲気を出しながら、一方で自然体で周囲の人の心に溶け込んでいる様子でもある。そんな雰囲気を保った姿勢を見せることができたなら、それだけでそこにいる人々の心をつかむことができるでしょう。

ビジネスシーンで強い印象を残すことは、とても大切なことですから、『五輪書』の流儀で、正しい姿勢と力を入れるポイントをマスターしておきましょう。それが宮本武蔵のような〝無敗を誇る〟ビジネスパーソンへの近道となります。

武士道が提示するリーダーの条件は「智・仁・勇」勇気がなければ始まらない

儒教で提示される徳目として、これまで「仁義礼智信」の五常の徳を紹介してきましたが、五常の徳とは別に、最も基本的な徳として、「智仁勇《ちじんゆう》」の「三徳《さんとく》」または「三達徳《さんたっとく》」という考え方があります。

「四書五経」の一つ、『中庸』の「礼記」からきていて、この三達徳は、「時代や身分を超えて、どんな場合にも通じる三つの徳」とされています。

「三徳」「三達徳」の考え方は広く行き渡り、様々な書籍で語られています。

【礼記・中庸】

「智仁勇の三者は天下の達徳なり。

智仁勇の三つは、徳の中の徳である。」

【論語】

「知者は惑わず、仁者は憂えず、勇者は懼《おそ》れず。」

道理をわきまえた人は惑わない。思いやりの徳を備えた人は心配することがない。勇敢な人は恐れない。


【孫子】

孫子の兵法で有名な孫子も、

「将とは、智・信・仁・勇・厳なり」

と、智仁勇の三徳を含んだ条件を言っています。

小説『竜馬が行く』（司馬遼太郎著　文藝春秋）の中では、坂本龍馬が、
「人間に本来、上下はない。浮世の位階というのは、泰平の世の飾りものである。天下が乱れてくれば、ぺこぺこに剥《は》げるものだ。事をなさんとすれば、智と勇と仁を蓄えねばならぬ」（336ページ）
と語ったとの記述があります。

つまりこの三徳・三達徳は、儒教的に備えるべき基本となる徳であり、その後武士道の中で、リーダーが備えるべき必須の徳の中の徳、として扱われてきたと考えられます。三徳それぞれの意味はとても深いものですが、私なりに誤解を恐れずシンプルに示すと、次の通りです。

智：知恵が備わっていて、深い読みができたり、適切な処理ができる能力

仁：人をいたわる心が備わっており、相手の気持ちや立場に立って考えることができる能力

勇：本当の勇気を持っていること、決断力があること

古来より洗練されてきた教えは、人心をつかみリーダーシップを発揮するには、三達徳が必要だ、と言っているのです。三達徳を、自らのリーダーシップ発揮のチェックリストとして、日々の振り返りに利用することで、つかみにくいリーダーシップが形として見えてくるのではないでしょうか。

第6章

知っていると一目置かれる武士道の装束・道具

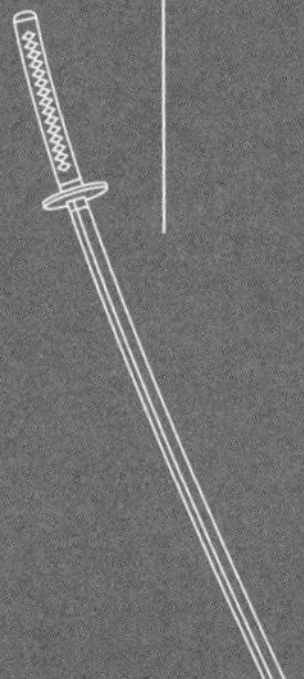

道具はそこにあるだけで意味を持ち、〝道〟を〝具える〟存在だから、常に大切に扱う

日本の伝統文化の中で、道具という言葉は特別な意味を持つ、と私は考えています。

もともとは、道具とは「仏道の具」のことで、仏道修行のための必要品や密教で用いる法具を指す言葉でしたが、そこから転じて槍や刀などの武具を指すようになったというのが、歴史的な経過のようです。

ただ私のような日本伝統文化に携わる者にとっての「道具」はまたさらに重要な意味を持っています。なぜなら、道具という言葉は、「道」を「具《そな》える」と書くからです。

伝統的な技を習得する過程を支えてくれる存在である道具は、**ただそこにあるだけで、「道」という万物の根源であり、修行の目的の一つでもある究極の理想**

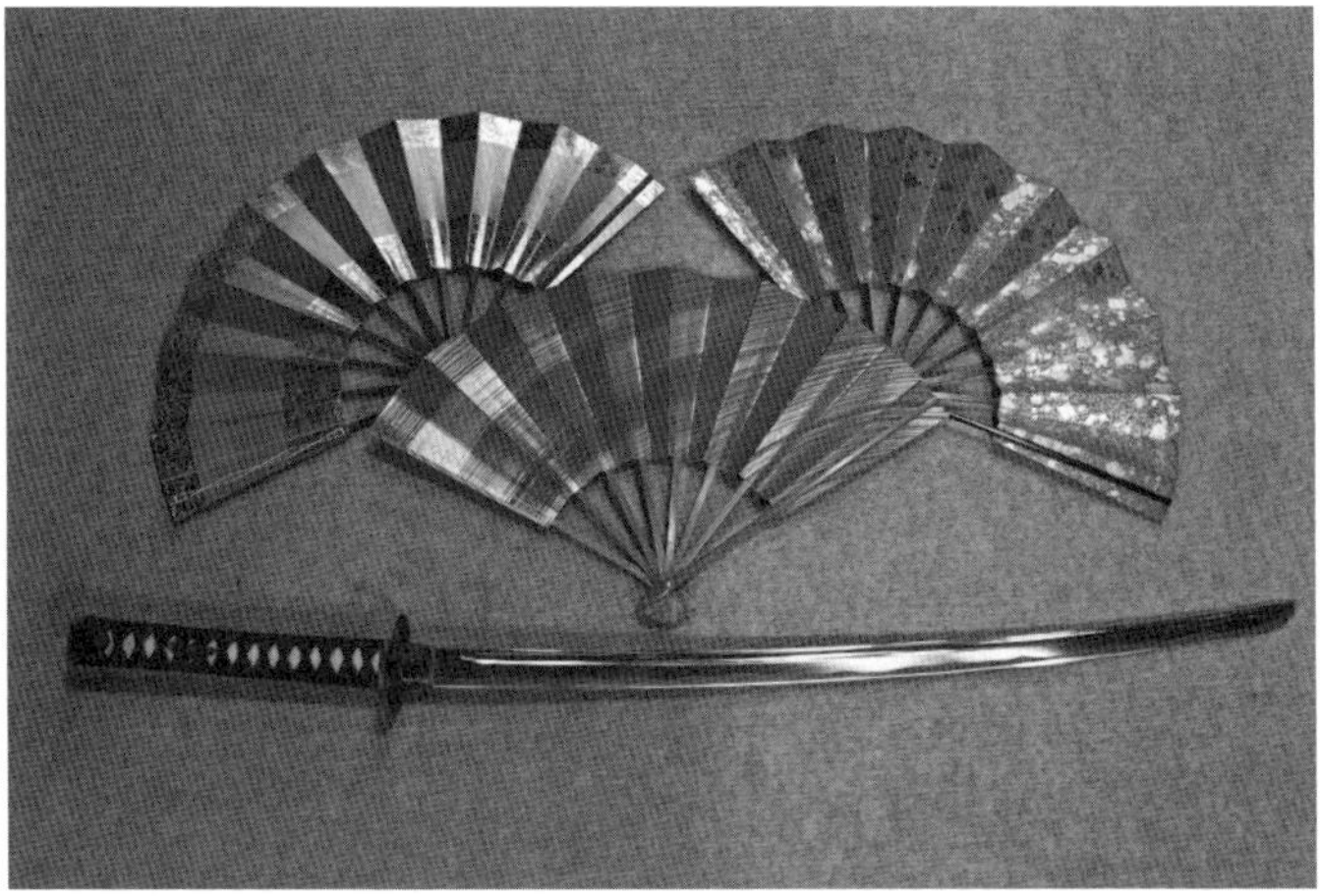

をその中に備え持っている、尊い存在です。

決してぞんざいな扱いをしてはならず、自らの分身として、この上なく大切に扱わなければならない存在なのです。逆に言えば、磨き上げる・修繕する等の道具を大切に扱う過程そのものが、重要な修行の一つとも言え、その過程を通じて、道具と心を通わせ一心同体の極致に至れることは、修行の大変重要な目的の一つ、と言えるのです。

私にとっては、幼い頃からことのほか重要な存在として「道具」を捉えてきたのですが、改めて多くの文献を調べても、語源には、同様の記載はありません。私のような考え方は、伝統文化伝承に携わる者独特の考え方なのかもしれませんが、道具を大切にする理由として、これほど納得できる考え方もないのでは、と感じていますのでお伝えしたいと考えました。

道具は、「道」を「具《そな》える」尊い存在ですから、自らの身体の一部と感じられるまで、磨き上げ手入れして、特別に扱わなければなりません。そうすることで、道具に宿る魂が、あなたの修行を助け、あなたの成長を後押ししてくれるのです。

道具と共に修行し成長し、道を極める過程を大切に生きていきましょう。

武士道を象徴する日本刀は、なぜ片刃で反った形になったのかを知ると日本刀が好きになる

日本刀には、多くの魅力があります。

その魅力を簡単には語り尽くせないのですが、ここでは私なりに三つのポイントに絞って、お伝えしてみたいと思います。

1．刃物としての優れた基本性能

日本刀は玉鋼という純度の高い鉄を原料として、多くの加工工程を経てつくられます。

構造的には、サンドイッチのような構造になっていて、真ん中の柔軟性のある組織構造の鉄の周囲を、鋭さのある組織構造の鉄が包むように覆っています。

この二重構造を持っていることで、切り裂く鋭さと衝撃を受け持つ柔軟性の二つを共存させることに成功しています。これはまさに匠の技と言えます。

2. 武士の魂と呼ばれる精神性

武士にとっての刀は、最も身近な武器であり、肌身離さず持つべきものでした。それゆえに、まるで自身の分身のような存在であり、武士の魂とも呼ばれました。そのため、現代の日本語においても、日本刀由来の言葉がたくさん残っています。

そのほんの一部を挙げますと、

伝家の宝刀、真剣に、鎬《しのぎ》を削る、元の鞘《さや》に納まる、一刀両断、焼きを入れる、相槌《あいづち》を打つ、付け焼き刃、諸刃《もろは》の剣《つるぎ》、切羽詰まる、そりが合わない、目貫通り、抜き打ち、火花を散らす、横槍《よこやり》を入れる、懐刀《ふところがたな》などがあります。

これだけの多くの言葉が、現代でも使われていることだけをとっても、いまだに日本に生きる人々の心に、多くの影響を及ぼしていることが分かります。

3. 美しさ

最後に何といっても、日本刀は武器でありながら、圧倒的に美しい姿を持っています。

一般的な西洋の剣は、直線的な刀が多いのですが、日本刀は「反り」を持っています。日本刀が反りのある姿になったのは、平安時代中期頃のことで、それ以前は、日本でもまっすぐな刀身を持つ刀を使用していたと言われています。

この刀の姿の変化には、武士の台頭が大きく関わっているのです。武士が戦場において馬に乗りながら戦う時、反りがあることで

①素早く鞘から抜くことができる
②振り下ろした動作が、そのまま自然に引き斬りの動作となる
③斬り付けた瞬間の反動をやわらげてくれる

といったメリットが生まれます。

引きながら斬るという動作は、小さな力で多くの効果を得る「斜面の原理」と言いますが、反りのある日本刀は、この原理を利用して斬ることができるようになっています。

また、馬上から相手を攻撃する際は、片手での操作が求められることから、両刃ではなく片刃の構造になったとも言われています。いずれにしても、日本刀の成り立ちには諸説があり、私自身が直接伝授いただいた知識だけでなく、様々な文献で調べたりしたのですが、「これ」という決定的な説はない、というのが実情です。それだけ歴史上多くの職人や武士たちが様々な工夫を重ね、最も優れた武具としての性能や、自らの魂を象徴する道具としての美しさを追求した結果、現在の形に至っていると捉えて、先人の苦労に思いを馳せるのが、正しい日本刀への向き合い方なのではないか、と感じています。

武士の覚悟を示す〝脇差心〟は、いざという時もやり抜く覚悟を象徴した

武士道と呼ばれるものには、日本人が大切にしてきた道徳という部分と、もともと戦闘者であった武士が守るべき、戦闘者としての教えという側面があります。

私は、そのどちらも知っておくべき武士道の側面であると考えていますが、ここでは戦闘者の武士道について、伝えていきます。

戦闘者としての教えを伝えてくれる代表的な武士道書には、『葉隠』『甲陽軍鑑』『五輪書』などがありますが、知っておくべき考え方のひと

【大まかな刃の長さ】

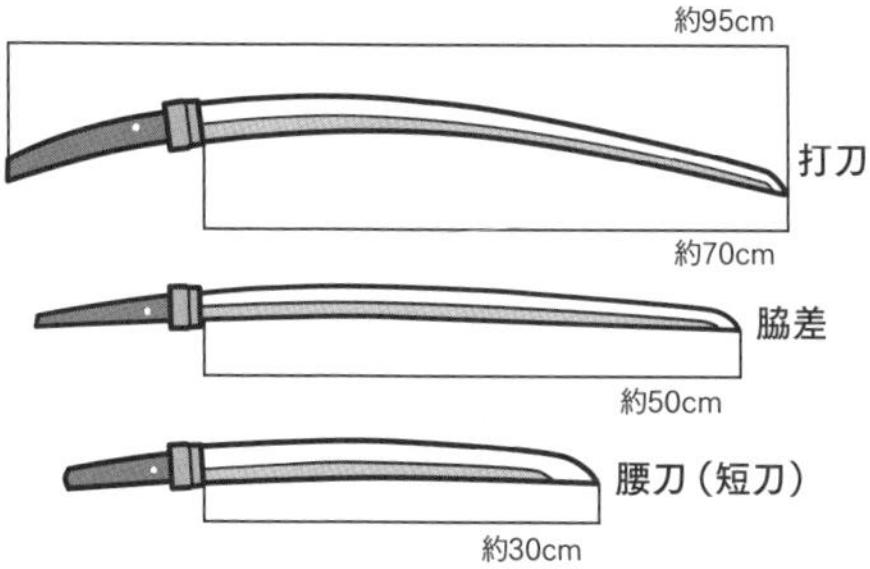

つに、**「脇差心《わきざしごころ》」**があります。

「脇差《わきざし》」とは、一般的にイメージされる日本刀より、短い刀剣のことです。

例えば江戸時代、武士は腰に二振りの日本刀を指していましたが、その短い方が、脇差と呼ばれます。ちなみに、長い方の日本刀は「本差《ほんざし》」と呼びます。主たる武装具である本差が破損などにより使えない時に使用する脇差は、攻撃力には劣りますが、短いだけに扱いやすいというメリットがあります。当然相手との距離感が近い時にも、扱いやすいと言えます。

脇差心を象徴するエピソードとして、『甲陽軍鑑』に記されているものを引用します。

ある時、武田信玄の家来の二人が喧嘩沙汰を起こし、一方が胸ぐらをつかみ、反撃したもう一方はわき腹を蹴りつけました。この時武田信玄は、二名とも死刑にしたのです。その理由は、喧嘩に際して、どちらも刀を抜かなかったから、というものでした。

つまり、互いにすでに戦いの局面に入っていたにもかかわらず、子供や武士ではない人がする諍いに甘んじ、命のやり取りをしなかったことは、武士道失格となる、ということなのです。

武士は、差し迫った瞬間に、刀を抜き、人を斬る覚悟を持っていなければならず、その精神をさして「脇差心」と言います。

『甲陽軍鑑』（高坂弾正著　山田弘道校　温故堂　出典：https://dl.ndl.go.jp/pid/899828）の記述は以下の通りです。

「わきざし心なきは、一向のわらはべなどのいさかひといふ物也、仰〳〵男が四十五十にあまり、赤口關左衛門寺川四郎右衛門などゝ川官途受領まで仕る侍ゞ、いさかひなどあるは他國の批判もいかが、きはめては信玄が家の瑕になる事なりとて、（中略）頚をきらるゝ也」

（大意）
脇差心がない者は、武士ではない。
刀も抜かないような喧嘩は、子供などがすることで、いい歳の大人になって官職に就いている侍がすれば、武田家の瑕《きず》になる（中略）二人の首を刎ねさせたのだ。

つまりは、いざという局面になったら、ためらわず刀を抜き相手を斬る覚悟である脇差心を持たないものを、武士とは呼べないし、そういう武士が武士道を生きているとは言えない、という強烈な教えを、武田信玄が全家来に示した、という意味なのです。

このエピソードには、二つの重要な要素が示されています。

一つは、**「今という時がいざという局面であるかどうかを、瞬時に見極める冷静さ」**であり、もう一つは、**「刀を抜くべき時には、ためらわず刀を抜き武力によって命を奪う覚悟」**を持っているかどうかが問われる、ということです。

つまり、武田信玄は、そのどちらが欠けても、脇差心とは言えず、武士道の実践とは言えないと考えたのです。その状況を許せば、武田家の弱体化につながるとして、厳しい罰を与えたのです。冷静さと覚悟の両方を備えることは、まさに文武両道を極めることに通じます。そのどちらが欠けても武士としては、十分ではありません。言い換えれば、戦闘者としての武士が備えるべき脇差心は、真の武士道を象徴するコンセプトである、と言えるのです。

最も大切な頭部を保護する兜は無限のバリエーション、武将のトレードマークだった

戦いにおいて大切な頭部を守る「兜」は、それぞれの時代の戦闘に最適な形に変化してきました。甲冑の中で、最も目を引くことから、華やかな装飾が施されるようになり、武将としての威厳や個性を表現する役割も担うようになりました。

兜の基本的な構成は以下の通りです。

▼兜鉢（かぶとばち／かぶとのはち）
▼八幡座（はちまんざ）
▼吹返（ふきかえし）

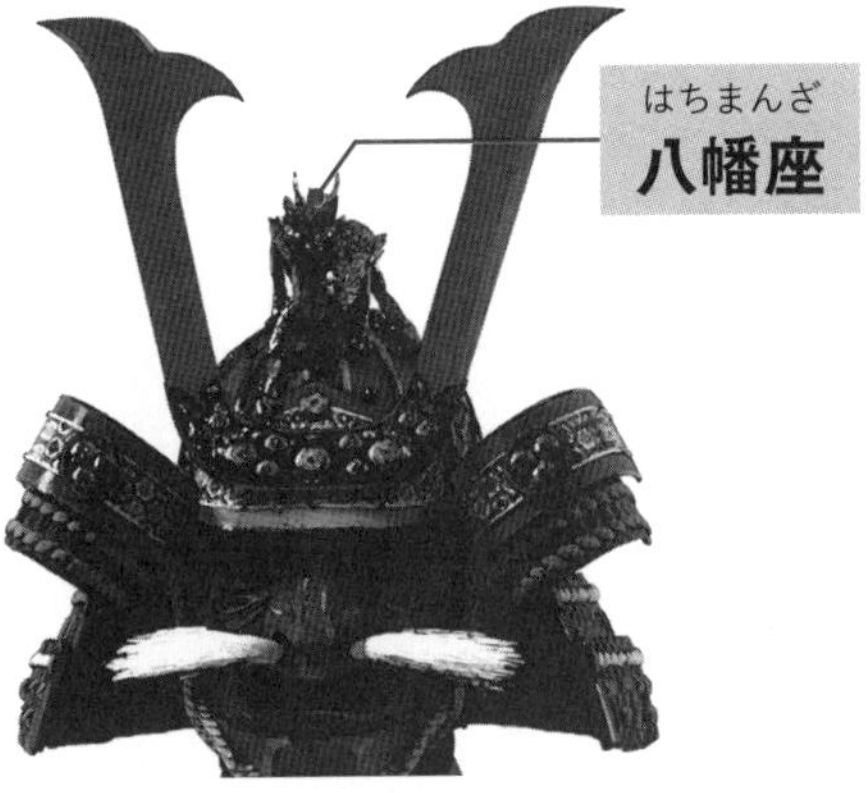

▼錣（しころ：鞠とも）

▼立物（たてもの）

特に大きな特徴が表れるのは、立物《たてもの》であり、武将は、自らの威厳を誇示するために、個性的なデザインの立物を取り付けていました。

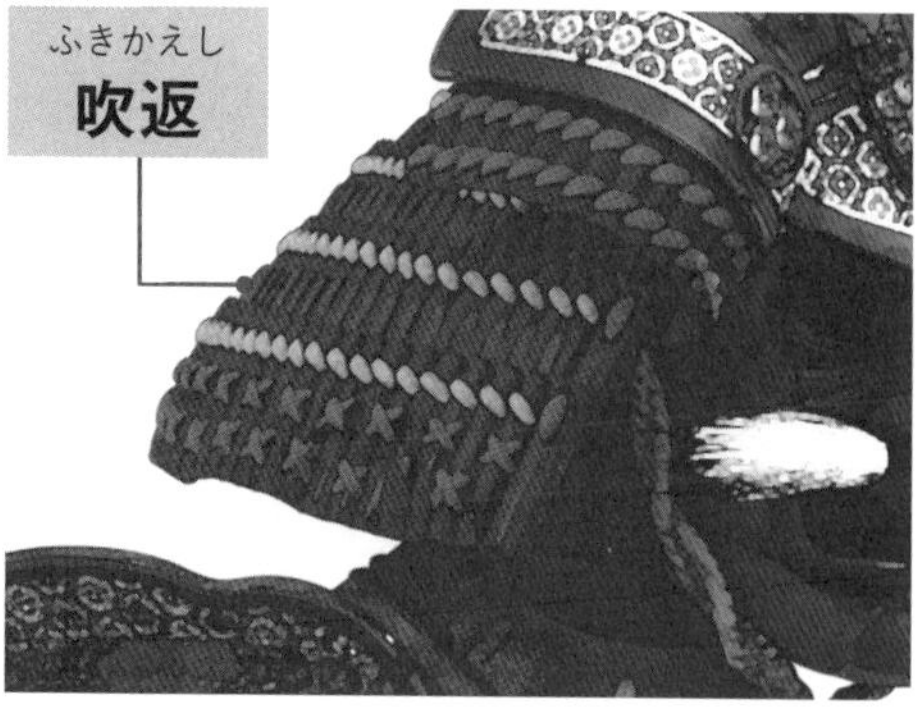

立物は、歴史的には平安時代以降の兜に付けられるようになった装飾で、取り付け位置が前面の場合は「前立《まえだて》」、後部の場合は「後立《うしろだて》」、側面の場合は「脇立《わきだて》」、頭頂部の場合は「頭立《あたまだて》」と呼び分けます。

奇抜なデザインのものも数多く残されているので、武将たちがそのデザインに込めた思いや由来に思いを馳せるだけで楽しくなってきます。

特に個性的な前立の兜の内、私のお気に入り三選をご紹介したいと思います。

伊達政宗

「独眼竜」と呼ばれた戦国時代最後の英雄、伊達政宗は、大きな三日月の前立をつけた黒兜で知られています。私の知る限りでは、伊達政宗の兜が、最もスマートでスタイリッシュなデザインだと思います。

一説によれば、この月の前立を決めたのは、政宗自身ではなく、その父輝宗だと伝えられています。三日月がこれから満ちていく月と考えれば、政宗の志を見守る父が、我が子の成功と神仏の守護を願って決めたもの、とも感じられます。

月の前立は、歴代当主の兜に使用され続けましたが、その後は三日月ではなく弦月（半月）になりました。「弓張月」とも呼ばれたのは、引き絞った弓のように見えることからです。
平和になった江戸時代でも戦を忘れない、当主としての覚悟が表現されていたと見ることができ、その家風が感じられる気がします。

真田幸村

現代でも高い人気を誇る戦国武将真田幸村は、日本一の兵《つわもの》と呼ばれました。
一躍その名が有名となったのは、徳川軍と豊臣軍が戦った大坂冬の陣・夏の陣です。
1614年（慶長19年）11月冬の陣では、難攻不落と称された大坂城の弱点である南側に出城「真田丸」を築き、弱点を攻略しようと攻めてきた徳川軍を撃退しました。

諸説ありますが、豊臣軍の10万に対し徳川軍は20万と圧倒的に差がある不利な戦いでしたが、その後和解へと至ったのは、真田丸での攻防が大きかったと言われます。それは徳川家康が示した和解の条件に、大阪城の埋め立てと合わせ、真田丸の取り壊しが含まれていたことが示しています。真田幸村最後の戦いとなった大坂夏の陣では、凄まじい攻勢を仕掛ける徳川軍に対し、意を決した真田幸村は徳川本陣に突撃しました。一度は徳川家康が死を覚悟したとも言われるほど追い詰めますが、残念ながら勝利目前に力尽きてしまいました。

しかりその戦いぶりが讃えられ、真田幸村は「日本一の兵」と称されるようになりました。

「日本一の兵」真田幸村の兜は、鹿角脇立に中央の六文銭が有名です。

鹿角は神の使いを表しています。天照大神が、武神である建御雷命《たけみかづちのみこと》へ使いとして出されたのが鹿であったからという説や、険しい山道を颯爽と駆け抜ける姿が神秘的な力を持つように見えたから、など諸説あります。

六文銭は死後の平安を表しています。もともとは、納棺の際に死後の平安を祈るために「三途の川の渡し賃」として棺に六銭投げ込む慣習から生まれたものです。兜に六文銭を描くことは、戦いに臨む強い意志を表したと考えられています。戦国武将として、勝利のために神に祈りを捧げつつ、死も厭わぬ覚悟・気概を示した真田幸村は、まさに「日本一の兵」と言えるでしょう。

織田信長

楽市楽座や関所の廃止など、それまでにない施策で改革の道を突き進んだ戦国武将である織田信長は、三英傑（織田信長、豊臣秀吉、徳川家康）の中で、最初に戦国時代の平定に近づいた武将です。織田信長の一般的イメージは、「泣かぬなら殺してしまえホトトギス」とたとえられるような、突き進む強さでしょうか。

確かにテレビドラマやゲームに登場する織田信長は、強烈なキャラクターとして表現されることが多いように感じますが、近年の研究で実は「心優しく穏やかで、生真面目」な性格だったのではないか、という説も出てきているようです。恩人の死を弔うために寺を建立したり、もらった贈り物を大切に使ったり、落ち込む人を励ます手紙を送った等、様々なエピソードが明らかになっているのです。

いずれにせよ、戦国武将として勢力を拡大していったからには、戦いに強いだけでなく人の心をつかんで離さない魅力的な人柄も備えていたのでしょう。そんな一般的なイメージとのギャップを楽しみながら、織田信長の兜を見てみたいと思います。

織田信長の兜には、織田家の家紋である「織田木瓜《おだもっこう》」と「旭日昇天」が付いています。

木瓜の紋は、地上の鳥の巣を表していて、卵が孵化し鳥の巣から小鳥たちが飛び立つ様から子孫の繁栄を意味する、と言われています。神社の御簾《みす》にもよく用いられることから、神の御加護に対する期待が込められている、とも言われています。

「鍔《つば》迫《ぜ》り合い」を理解して、引き際にも油断しない強い心を身に付ける

鍔迫り合いの鍔とは、日本刀の一部で、柄《つか》（握る部分）と刀身《とうしん》の間に付ける金属製の板のことです。様々なデザインがあり、日本刀鑑賞の楽しみの一つです。

もちろんデザインだけでなく、鍔にはいくつかの役割があります。

主なものを挙げると、

▼斬り付けた際に手を滑らせてしまうことを防ぐ
▼刀の重心を調整する
▼相手から斬られた際に手を守る
▼刀を素早く抜く（鍔があることで、鯉口を切ることができる）

といった感じです。

右記の中で、特に重心の調整は見ただけでは分からない役割です。元来日本刀は、手元の持つ側である柄よりも刀身の方が、ずいぶん重いものです。

そのままですと、刀身の側に大きく重心が偏り、使い手が遠心力で振り回されることになりかねません。**鍔は、刀身と柄の間にあることで、日本刀全体の重心を調整して手元側に重心を引き寄せ、使い手の負担を軽減していると言えるのです。**

そして、この鍔迫り合いは、相手と戦う際に、自分の刀と相手の刀を打ち合わせた際に、相手に斬られないように互いに鍔で受け止めたまま押し合うことを言います。

派生して、鍔迫り合いには「緊迫した状況で激しく勝負すること」、すなわち「激戦」や「接戦」を意味するようになりました。特に、スポーツや勢力争いなどの場合に使われます。その場合は、激しく勝負をしている者同士の実力が拮抗している、つまりほぼ同程度であるという意味合いが含まれます。また、鍔迫り合いは超接近戦です。最も危険な瞬間は、鍔迫り合いからの離れ際の一瞬です。

鍔迫り合いという、いわば戦いの小康状態から、離れ際の一撃で勝負がつくことがあるのです。これは、現代の剣道の試合にも見られ、こういった引き技で一本を奪取する試合もあるのです。

私は、最も危険なタイミングは、一見したところ最も接近して緊迫しているように見える瞬間ではなく、その距離からの離れ際にあることは、多くの勝負事に共通する教訓なのではないか、と考えています。

それは、一瞬の油断が命取りになるから気を抜いてはいけない、ということでもあるし、どの瞬間にも注意を怠らず勝負所を見逃してはいけない、ということでもあります。

もし日本刀を持って戦い、相手と実力が拮抗して斬り合いでは勝負がつかない場合は、どんどん間合いが迫り、鍔迫り合いに至ることは容易にイメージができますが、鍔迫り合いでは勝負はつきません。

押し合う力が拮抗した瞬間から引く瞬間に変わる拍子や間合いこそが、勝負を決する斬りを出す瞬間になることは、イメージしやすいのではないでしょうか。

そういうほんの一瞬のことで、勝敗は決してしまうということを肝に銘じ、油断せず日々精進していきたいと思います。

第7章

さらに武士道を深める

『論語と算盤』を読んで、ビジネス・エシックスを磨き上げる

『論語と算盤』は、渋沢栄一が1916年9月13日に出版し、現代でもビジネスパーソンを中心に読まれ続けている本です。

本のタイトル通り、直接的に武士道を扱った本ではありません。渋沢栄一が、一部の日本人のビジネス倫理の低さを嘆き、啓蒙する目的で書いたと言われています。『論語と算盤』は、予備知識を持たずに読んでも十分に素晴らしいのですが、渋沢栄一がこの本を書いた時代背景を把握すると、本に込めた意味を感じることができます。

時代が江戸から明治に変わり、グローバル化が始まった当時の日本人では、ビジネスの場において、約束を破ったりマナーを守らず行動したり、遅刻をしても

平気だったり、人を騙《だま》そうとしたりする行動が横行していました。

「ビジネスマナー以前」だった明治期の日本人を見て、渋沢栄一が胸を痛めたことは十分に想像できます。そんな現状を憂い、状況を改善するためにこそ、渋沢栄一は『論語と算盤』を書いたのでは、と想像しています。

では渋沢栄一の描き出した『論語と算盤』という世界の本質は何か。

私は、これはアクセルとブレーキなのではないか、と考えています。

算盤が象徴しているのは、お金儲けであり、ビジネスの成功です。これがアクセルです。

論語が象徴しているのは、もちろん人間の徳です。

言い換えれば、人としてのあるべき姿や人間性といったものです。これが、ブレーキです。

お金儲けだけに偏り過ぎると、徳のない品を欠いた行動を取りがちになる可能性が高まります。徳の高さだけに偏り過ぎても、お金儲けがないがしろになり、経済が回らなくなるかもしれません。

アクセルとブレーキは、お金儲けだけに行き過ぎないよう、適度にブレーキを効かせつつ、ビジネスをしっかりと成り立たせることが、商売において大切だということを、言い表す言葉として分かりやすいと私は、考えています。ブレーキとアクセルを論語と算盤として象徴的に使ったのだと考えることで、経済活動のバランス感覚を養う大切さを常に思い出せるようにしてくれる渋沢栄一の教えを心に刻むことができます。

二律背反ではなく、共存させせバランスを保ち、調和を目指すという考え方は、幼少時寺子屋教育を受け、武士道の基盤である中国古典をみっちりと身に付けた渋沢栄一ならではの考え方であり、日々革新が求められる現代ビジネスシーンにおいても、心がけたい教えです。

『武士道』を読んで、新渡戸稲造が込めた祖国への思いを学ぶ

諸外国に対して、日本人の倫理観の基盤や道徳体系を説明するための思索を続けた新渡戸稲造が、その集大成として書き記したのが『武士道』である、と言えます。

新渡戸稲造が『武士道』を書くことになったきっかけは1889年（明治22年）頃、「宗教教育がない！　それではあなたがたはどのようにして道徳教育を授けるのですか」とベルギー人の友人に問われたことや、新渡戸の妻から「なぜ日本で道徳的習慣が行き渡っているのか」と何度も聞かれていたことである、と『武士道』の序文に記されています。

そして『武士道』が発行されたのは1899年（明治32年）です。最初のきっか

けから10年間、恐らく思うように資料も手に入らない外国にいながら、新渡戸稲造は考察と熟考を重ねて、この書を書き上げた、と想像できます。

また明治期は、日本人が英語で書いた著書が立て続けに出版された時期でもあります。

新渡戸稲造の『武士道』の他に、内村鑑三の『代表的日本人』、岡倉天心『茶の本』です。

どの本も名著として読み継がれてきたもので、これらをあわせて読むことで現代に生きる我々は、日本という国や日本文化、あるいは日本人であることに誇りが持てるようになるのだと思います。

最後に、新渡戸稲造『武士道』（矢内原忠雄訳　岩波書店）について、さらに興味を持っていただくため、その目次を紹介したいと思います。

第一章　道徳体系としての武士道
第二章　武士道の淵源

目次を読むだけでも、深い考察と未来への希望を受け取ることができる気がしてきます。

それは、新渡戸稲造が武士道の歴史から、その道徳体系としての特徴、武士道における女性の地位についてなど、幅広く展開しており、世界的にもこの書が受け入れられたことから、日本で育まれた武士道という考え方に希望を感じることができるからです。

そして、武士道の未来について、20世紀初頭においてすでにいったんは塵となった武士道も、新しい日本を導くために不死鳥のように甦る、と予言しています。

歴史と伝統に学ぶことが、未来をイノベーティブにクリエイトする源泉となる。私はそう信じて、武士道を学び続けてきました。これからも、武士道を学び続けたいと考える理由も同じです。

『五輪書』をビジネスの教えとして読み、自然体の極意を学ぶ

『五輪書』は、あの有名な宮本武蔵が書いたと言われる書物ですが、武蔵が書いたかどうかには疑問が残る、とする専門家もいます。それは武蔵が書いた自筆本が残っておらず、写本《しゃほん》、つまり書き写した本だけしか残っていないこともあります。

書き記されている内容と時代が合わない部分があり、武蔵の弟子が、武蔵の書いたものや言ったことをもとに書き上げたと考える方がつじつまが合う、という説もあるらしいのです。だとしても、私は『五輪書』の価値は全く下がらないと考えています。

何よりも、『五輪書』に書かれている内容が本当に素晴らしいからです。

『五輪書』は、「地之巻」「水之巻」「火之巻」「風之巻」「空之巻」という全五巻から成っています。

「五輪」は、仏教においては、万物を構成するとされる「地・水・火・風・空」を指していますので、まるで宮本武蔵が世の原理をすべて見通して書き上げた、なんて素敵に考えたいところですが、それば違うようです。

実は、宮本武蔵は自身でこの書物を『五輪書』と呼んだわけではなく、後世の人々がそのように呼ぶようになったという説が有力なのです。

しかし、そのことからも本当に多くの方々が、この書に書かれている内容の素晴らしさを認めてきたことが分かります。

それではまずは、概要をご紹介します。

地之巻

まずは、心構えやこれから学ぶ内容の目的について、書かれています。自らの来歴を書きだしつつ、武士として歩むべき道の基礎を固めるため、その道のりの概略を示しています。

水之巻

宮本武蔵が辿り着いた「二天一流」の基礎となる、心の持ちようや技の基礎について解説します。武士が常に行うべき鍛錬法についても説明しています。

火之巻

勝負における心構えを説きます。一人での戦い方の理論が、多くの武士が入り乱れる合戦において応用可能であることも示しています。

風之巻

他流派について、「その家々の風」として紹介し、比較の中で自らの理論の正しさを示しています。

空之巻

二天一流の極意、到達すべき境地である「万里一空」を解説します。道理を体得すれば、逆に道理にとらわれない自由な境地が開かれ、誠の道に生きることができると説きます。

内容が深いだけに、概略をうまく表現することが難しいのですが、全体構成をお伝えしたかったのには、理由があります。それは、この五巻という構成の素晴らしさを見ていただきたかったからです。

『五輪書』で伝えようとしていることは、剣術だけの話に留まらず、広く武士としての生き方に関わるものです。となると、剣術以外の様々なことについても述べる必要があります。そこで武蔵は、全体を五巻に分け、それぞれ別の主題について論じる形をとりました。巻を分けることで、内容的にいわば、飛躍したと言えるくらいの、大きな論の展開を可能とした、と考えられます。

どこを取り上げても素晴らしい内容ですが、私が最も感銘を受けているのは「水之巻」です。

勝負事に立ち向かう基本的な心の持ちようや、基本的な技の解説を行い、どのような敵と相対しても勝てる姿勢について書かれています。

「水之巻」に書かれている心の持ちようと姿勢を熟読するだけでも、どのような場面にも「水」のようなしなやかさで対処し、自然な立ち居振る舞いで勝ち抜くことができる極意を感じることができます。これこそ現代の日常生活に我々が応用しやすい内容と言えます。

自然体のしなやかさを保ちながら、芯の強さを誇る武士のマインドを身に付けたいなら、『五輪書』ははずすことができない必須の書なのです。

『葉隠』を読んで「死ぬ事と見つけたり」の意味を考えてみる

『葉隠』は、「武士道と云ふは、死ぬ事と見つけたり」というフレーズで有名な書物です。

現代では、武士道を象徴するものとして、最も有名な言葉の一つだと思いますが、逆にこの一文によって、現代人が武士道を大きく誤解してしまっている、ともいえるのです。

武士道は死ぬことと言うと、一般には切腹をイメージさせることが多いようです。武士はすぐに切腹して死んでしまう、いわばクレイジーな人たち、という印象を持つ人もいるようなのです。

しかし、「武士道と云ふは、死ぬ事と見つけたり」の本当の意味は、全く違うものです。真実は逆に、武士として、どのように生きるべきかを伝える、逆説の文章なのです。

その意味を知るために、まずは『葉隠』の全体像を把握しておきましょう。

田代陣基《たしろつらもと》が、隠居した佐賀藩士山本神右衛門常朝《やまもとじんえもんつねもと》の言葉を筆記したものです。だいたい1710年から1714年くらいのことと言われています。

全十一巻から成っていますが、常朝自身の言葉であることが確実なのは、聞書一と二の、最初の二巻のみ（または三巻の一部までという説もあり）と言われています。聞書三〜五は鍋島家歴代藩主の事績、六は佐賀藩の歴史、七〜九は佐賀藩氏の褒貶、十は他家の武士たちの逸話、十一は補遺となっています。

全体として、佐賀藩士が武士道教育の素材として学ぶべきことを網羅する構成となっています。

『葉隠』は、後に新渡戸稲造が『武士道』にまとめるような武士の道徳を説くというよりは、守るべきものを守り通して生命を使い切るために、どのように考え、どのように行動すべきか、という哲学を説いているというのが、私の考える『葉隠』です。

古今、この『葉隠』に心酔し実践しようとした多くの方々がおられますが、最も有名な人物として、三島由紀夫がいます。その著書『葉隠入門』（新潮社）の中で、このように言っています。

「わたしが考えるのに、『葉隠』はこれを哲学書と見れば、三大特色を持っている。一つは行動哲学であり、一つは恋愛哲学であり、一つは生きた哲学である。」

非常に分かりやすい三つの分析軸ですので、この三軸にそって『葉隠』の一端に触れてみたいと思います。

第一の行動哲学という部分では、主体的に生きることを大切にし、その結果行き着く先として死がある、と言います。そして自分自身以上の存在に尽くす生き方が、武士に求められるとしています。

また、『葉隠』という書物の持つ歴史について、三島由紀夫は次のように説明します。

「戦時中、政治的に利用された点から『葉隠』を政治的に解釈する人がまだいるけれども、『葉隠』には政治的なものはいっさいない。（中略）一定の条件下に置かれた人間の行動の精髄の根拠をどこにもとめるべきかということに、『葉隠』はすべてをかけているのである。（中略）個々人の実践的努力に任せられた実践哲学であるということができる」（36ページ）

つまりは、「武士道と云ふは、死ぬ事と見つけたり」というインパクトのあるフレーズが「政治的に利用」されたことは、『葉隠』という書物が目指したことではなく、「人間の行動の精髄の根拠」を目指して書かれたのが『葉隠』である、ということです。

第二の恋愛哲学という点では、「人間の恋の最も真実で、もっとも激しいものが、そのまま主君に対する忠義に転化される」としています。しかもその恋は「忍ぶ恋」であることを強調しているので、現代では分かりにくいかもしれませんが、一途に相手を想い相手のために行動することが、忠義につながるとの考え方です。

第三の生きた哲学という点では、「『葉隠』は一つの厳密な論理体系ではない。（中略）あらゆるところに矛盾衝突があり、一つの教えがまた別の教えでくつがえされている」と説明しています。

その最大の例として、

「武士道と云ふは、死ぬ事と見つけたり」と言いつつも、別の個所では「人間一生誠にわずかの事なり。好いた事をして暮らすべきなり。夢の間の世の中に、すかぬ事ばかりして苦を見て暮らす愚かなることなり。」（人間の一生は短いのだから、したいことをすべきである。束の間しかないこの世で、嫌なことで苦しむのは愚かだ）とも言うのです。

生きた哲学という意味では、私は『葉隠』の「毎朝毎夕、改めては死に改めては死に、常住死身《じょうじゅうしにみ》になりて居る時は、武道に自由を得、一生越度《をちど》なく、家職を仕《し》おお果《ほ》すべきなり。」という一文が最も好きなのですが、一言で言うと、「毎日繰り返し死の観念修行を実践する」（『本当の武士道とは何か』菅野覚明著　ＰＨＰ研究所）ということです。

簡単なことではありませんが、毎朝毎夕死をリアルにイメージして、常に死と隣り合わせて生きるとしたら、大きな生きる力を手に入れられるような気がするのです。

全体として、改めて三島由紀夫は、『葉隠』は「自由を説いた書物」「情熱を説いた書物」であるとしています。

この解釈の素晴らしさは、人間の生き方に関する美学が、宗教や道徳を超えた存在であることを、知らしめてくれるところにある、と私は考えています。

武士道に関する代表的な書である『葉隠』を、人間の生き方に関する美学と捉えることで、旧来日本人がとらわれがちであった、武士道は宗教か道徳かという定義の問題を軽々と超え、美しく生きるために、何をどのように感じ考え行動すべきかを示すものと捉え直すことができます。

現代という時代において、武士道は美学としての存在感を増していくと考えることができるのです。

世界に誇る日本アニメには、「武士道精神」と「大義」のコンセプトが流れている！

『NARUTO－ナルト－』や『ONE PIECE』、最近では『鬼滅の刃』には、主人公や主人公に近い存在に、刀を持って戦う使命感や大きな目的を持ったキャラクターがいます。

戦いの技術を磨き、傷つきながらも諦めずに進んでいく姿と、大きな目的や使命に向かう強くて美しい決意に、観る側を引き込んでやまない魅力が備わっています。

特に大きな目的や使命という点では、「大義」という言葉が似合う場面やキャラクターが、魅力を高めています。

「大義」は、仁義礼智信の五常の徳の内の「義」から見ると分かりやすくなりま

す。

義とは、正しさを追求する精神です。『武士道』によれば「人のふみ行うべき正しい筋道・私欲を捨て、公共のためにすること」とも解説されます。ですから「大義」は、「人がふみ行うべき最高の道義。特に、国家・君主に対して尽くすべき道」と説明されます。

義よりも大義の方が、より大きい存在に尽くす意味となり、そこには私利私欲を捨て無私となることが求められる、と言えます。

そういう意味では、世界的な人気を博す日本アニメには、刀を振るう武士や武士に近いキャラクターに対して、個人を超えた大きな目的を持たせることで、その魅力を引き立てています。例えば、『鬼滅の刃』の主人公は、鬼と化した妹を人間に戻すため、鬼たちとの戦いに身を投じますが、その先には仲間と共に、鬼を打ち倒し人間たちを救うことを目指しています。

目的が明確であり、その目的は私欲を満たすためだけではないこと、つまり

「大義」の道を進んでいる、「大義」の実現を目指していることです。

　そしてその大義が、多くの仲間を引き寄せ、苦難の道をともに戦うことに向かわせる原動力になっているのです。そういうチームを中心的存在として率いるリーダーには、自然に魅力が備わるということであり、それはグローバルに共通した魅力である、と言えます。

小説や映画・ドラマで徳川家康の生涯から大義・戦略性を学ぶ

大河ドラマは、言わずと知れた人気時代劇ですね。放送開始からすでに60作を超えているという、ドラマシリーズです。特に2023年の主人公は、三英傑の一人で、私の出身地である愛知県岡崎市出生の徳川家康でした。

徳川家康は、江戸幕府を開き、戦国時代を終わらせ、250年以上におよぶ平和な江戸時代を築いた武将です。その功績は様々に語られていますが、本項では、徳川家康が250年以上にわたる平和な時代を築けた秘訣の一つである、「承継」という観点で徳川家康の凄さを取り上げてみたいと思います。

徳川家康が江戸幕府という、いわば巨大な事業承継を成功させたポイントを二つに整理してみます。**一つは、天下統一後を見据えたプロセスを経て、秀忠を後**

継者に決定したことです。

徳川家康が、天下分け目の関ヶ原の戦いに勝利したのは1600年のことです。その際に、秀忠は戦場に駆けつけるも、戦には間に合いませんでした。

通常、大切な戦に間に合わなかったことは、後継者失格の十分な理由となります。

しかしこれには諸説あり、最も有名なものに、「仮に徳川側が関ヶ原の戦いに敗れた場合、家康が関東に逃げ帰る経路を確保するため、わざと秀忠を遅らせて中山道に留めた」というものもあります。

それが理由であるかどうかは不明ですが、戦いの後、重臣たちと後継候補者について会合を持ち、秀忠の兄：秀康や弟：忠吉といった他の候補者があった中で、最終的には家康が後継者を秀忠とすることを告げた、と言われています。

その際に理由として家康は、戦国の世を終わらせ平和な世を治めることができる人物として秀忠を指名したのです。戦いに勝ち抜いたものは天下を奪い取る、という戦国時代の下剋上が当たり前の価値観をくつがえし、平和な時代を治める重臣たちとの会合で意見を聞くと言うプロセスを経た上で、平和な時代に合った後継者を指名したことは、家康がアフター戦国時代をどう治めていくかのビジョンを持っていたことの証左と言えるでしょう。

二つめには、早々に征夷大将軍を秀忠に譲り権限委譲を進めたこと、が挙げられます。

関ヶ原の戦いから3年後の1603年、家康は征夷大将軍となり江戸幕府を開きますが、その座に就いていたのは、わずか2年間でした。1605年には秀忠に将軍職を譲り大御所となり、駿府（現在の静岡市）を拠点とします。

その後、家康は対豊臣戦に専念し、1615年大坂夏の陣で豊臣家を滅亡させ、1616年に亡くなりました。家康は大御所として隠然たる力を持ちましたが、豊臣家対策のみならず、朝廷や大名統制などを受け持ち、秀忠は幕府の新たな体制づくりを受け持っていました。

この体制を続けながら徐々に権限委譲を進めたことが、秀忠のトップとしての経験蓄積につながったとも言われます。つまり、二代目秀忠は、いまだ戦国時代の荒々しい気風が完全には消え去っていない時代に、初代の庇護の下、トップとしての経験を十分に積み、大敵である対豊臣家戦である大坂冬の陣・夏の陣での活躍を経て、アフター戦国時代の新しい時代に対応した組織的な幕府の運営体制を築き上げたと言えます。

その点で、一般的には影の薄い二代目のイメージが強い秀忠ですが、一方で、初代の家康を立てつつ自らの足場を着実に整えた「名後継者」（『家康はなぜ、秀忠を後継者にしたのか』加来耕三著　ぎょうせい）との評価があります。

戦国時代を生き抜き天下を統一した強烈なカリスマの一人、徳川家康の後継者として、アフター戦国時代を導き、三代目家光への承継の道も整えたことは、「名後継者」の名にふさわしいと言えます。さらに「戦国の世を終わらせる」という大義への志を、初代家康から引き継ぎ、三代目家光に引き渡す、という役割を立派に成し遂げたことは、普通の努力では成しえない偉業であり、実現までの戦略実践に学ぶべきことは、大いにあるのです。

『言志四録』1133条から西郷隆盛が選び抜いた101の言葉で武士道の神髄を学ぶ

西郷隆盛は、武士道の理想像と言われ、幕末期維新の志士の一人として活躍し、激動の人生を送りました。簡単にその足跡を振り返ってみましょう。

1828年（文政11年）薩摩藩士・西郷吉兵衛《さいごうきちべえ》の長男として生まれる。

1854年（嘉永7年／安政元年）島津斉彬により庭方役に抜擢される。

1858年（安政5年）主君・島津斉彬の急死に伴い失脚。大崎鼻沖で僧・月照と共に入水し、西郷のみ蘇生。奄美大島へ配流される。

1862年（文久2年）薩摩へ帰還するが、藩政の実権を握っていた島津久光《しまづひさみつ》の命令に背き、沖永良部島《おきのえらぶじま》に配流される。

1864年（文久4年／元治元年）薩摩に戻り、禁門の変で薩摩軍を指揮。長州藩の軍勢を破る。

1867年（慶応3年）明治新政府の参与に就任する。

1868年（慶応4年／明治元年）江戸城（東京都千代田区）開城に尽力して実現させる。

1872年（明治5年）参議兼陸軍元帥《げんすい》・近衛都督《このえとどく》に任命。

1873年（明治6年）辞表を提出。鹿児島へ戻る。

1874年（明治7年）私学校を設立して教育に専念。明治政府からの国政への復帰要請を拒否。

1877年（明治10年）西南戦争が勃発。9月、政府軍の猛攻を受け、城山で自決。

1889年（明治22年）西南戦争の罪が赦《ゆる》されて名誉を回復。位階・正三位《しょうさんみ》を追贈。


簡単な足跡を見るだけで、西郷隆盛がまさに激動の時代を生き大きな功績を挙げたことが分かりますが、注目すべきは、その生涯で二度の流罪を経験していることです。

一度目は奄美大島、二度目は沖永良部島《おきのえらぶじま》への流刑でした。

二度目の島流しでは、最初は奄美黄島から南方約30㎞の徳之島《とくのしま》、三か月後にはさらに南方約30㎞にある沖永良部島へ流されました。当時、沖永良部島から帰ってきた罪人はおらず、その処遇は死罪に次ぐ重罪人扱いだったと言われます。

しかし結局二度とも、西郷の帰還を願う人々の尽力により、流罪を解かれ復帰を果たすのです。

諸説はありますが、沖永良部島へ流された時に持っていった書物の中に、佐藤一斎の書いた『言志四録』があり繰り返し読み込む中で、これを気に入った西郷隆盛は、１１３３条ある中から、１０１条を書き抜いてまとめ「座右の訓戒」としたのが『南洲手抄言志録』です。そしてそれを「西南戦争」で敗死するまでの約15年間、肌身離さず持ち歩いた、と言われます。

そもそも『言志四録』は、徹底的に克己（自らを律すること）を追求することを求める、まさにリーダー学としての武士道の神髄を説いた書物と言えます。

これを徹底的に学び尽くした西郷隆盛が、数々の功績を挙げたことは、いわば当然の帰結なのかもしれません。『言志四録』は現代では講談社文庫から全四巻で発行されている大著ですが、『西郷南洲遺訓 附 手抄言志録及遺文』（山田済斎編岩波書店）であれば、全1133条のうち101条に絞り込んで、そのエッセンスを学ぶことができ、その効果は、西郷隆盛が証明しているといっても過言ではありません。

特にリーダーシップの学びを深めたい方には、おすすめしたい書といえます。

日本中の藩主たちが書き写しを希望した『重職心得箇条』でリーダーの心得を学ぶ

武士道書は、長い時代を経て、多くの目にさらされても生き残ってきた古典としての価値があります。その価値は、時流を追うことではなく、本質を追求する姿勢や考え方から生じています。私にとっては、『五輪書』『葉隠』『言志四録』も、本質を追求し続けた偉人たちが教えてくれる奥深い世界観に満ちていて、その洞察の一端に触れるだけで、自分の視座の高まりを感じられる素晴らしい書物です。

しかしこの『重職心得箇条』は、さらに追求する面白さを提供してくれる書と言えます。

作者は『言志四録』を書いた、幕末維新の志士たちの源流の一人、佐藤一斎です。

美濃岩村藩の重職者のために書き上げたものですが、当時このような素晴らしい心得集の評判を聞き、多くの他藩から書き写したいというリクエストがあった、と言われています。

その構造は、聖徳太子「十七条の憲法」になぞらえて、十七条から成っていることから、ここに記された内容は、藩の重役を務める上での〝憲法〟と言えるもので、原理原則として常に心得るべきもの、という意味合いが含まれている、と言えます。

この『重職心得箇条』は、およそ200年前に書かれたものですが、重職を重役やリーダー、マネージャーという現代語に置き換えた場合、その「あるべき姿」を問うものとして、全くその輝きを失っておらず、むしろ激動の時代を迎えていた幕末期に書かれた内容は、現代でこそ、大いに参考にしたい内容だと思います。

十七条というコンパクトさが、現代の私たちがリーダーシップの本質である「あるべき姿」の追求を助けてくれ、面白くさせてくれるのだ、とも思います。

『重職心得箇条』は、リーダーが内省するための「軸」「芯」として、つまり照らし合わせるための基準・規範として活用するのが、最適です。

リーダーシップの「Ｂｅｉｎｇ　在り方」を問うための基準・規範として、何度でも読み込み、自らの存在意義を深く追求し、ブレない軸を打ち立てるために、大いに活用していただきたいのです。

冒頭第一条のひと段落目を取り上げて見てみましょう。

第一条

重職と申すは、家国の大事を取計べき職にして、此重之字を取失い、軽々しきはあしく候。大事に油断ありては、其職を得ずと申すべく候。先づ挙動言語より重厚にいたし、威厳を養うべし。

まずは、最初の一文から見ていきます。

第一条：重職と申すは、家国の大事を取計べき職にして、此重之字を取失い、軽々しきはあしく候。

（大意）
重職（重役）というのは、組織の重大な事を取り扱うことが仕事であり、重大な事の判別がつかず（「重」という字を取失い）、軽々しく行動するのはよろしくない。
つまり重職の仕事は、重大な事を判別し、これを取り扱うことである。

続いて、残りの二文を見ていきます。

大事に油断ありては、其職を得ずと申すべく候。先づ挙動言語より重厚にいたし、威厳を養うべし。

（大意）
大事に油断があっては、重職とは言えない。まずその言動は、重厚でなければならないし、威厳を伴う努力を怠ってはなりません。

「重厚」とは、「精神基盤の整備ができていて、何が起ころうと慌てず、沈着冷静を保てること」であり、「威厳」とは、言い換えれば「自分に対する制御能力」や「克己《こっき》」であり、流されそうな自分に逆らって自分をコントロールできることです。

いかがでしょうか？

このように、一つずつ解釈を積み重ねていくと、「重職」という立場では、どのように考え、どのように振る舞えばよいのか、イメージがつかみやすいのではないでしょうか。

時に応じて、十七条を読み返すことで、「重職」にあるあなたが、どのような言動をすべきかの指針を授けてくれる『重職心得箇条』は、おすすめです。

江戸時代中期、第9代米沢藩主上杉鷹山の生涯に触れ、理想のリーダー像を学ぶ

上杉鷹山の思想や足跡を知れば知るほど、その現代的なリーダーシップの素晴らしさがよく分かります。上杉鷹山が第9代米沢藩主になった1767年から、亡くなるまでの1822年までの半世紀以上にわたって米沢藩の改革に捧げたすべてをここで語り尽くすことは到底できませんが、そのリーダーシップの素晴らしさに焦点を当ててみたいと思います。

もともと米沢藩上杉家は、さかのぼると上杉謙信に連なる名門中の名門の家柄です。17歳で家督を継いだ鷹山は、莫大な借財を抱えた米沢藩の立て直しを迫られます。

その功績は、大きくは質素倹約・学問の奨励・殖産興業の取り組みに集約され

ますが、若き藩主に反旗を翻す重鎮への対応をはじめとする様々な苦難を自ら引き受け、率先垂範のリーダーシップを発揮しました。

「為せば成る　為さねば成らぬ何事も　成らぬは人の為さぬなりけり」

は、鷹山が残した有名な言葉です。

まさに鷹山の不屈のリーダーシップが感じられる名文です。

他にも、1785年、鷹山が35歳という若さで家督を上杉治広に譲った際に、君主としての心得を「伝国の辞」として残しています。

三条のみというシンプルな心得ですが、本質を突いていて、余分な飾りがいらない素晴らしい三条の心得ですので、ここに引用します。

「伝国の辞」

一、国家は先祖より子孫へ伝え候国家にして我私すべき物にはこれなく候

一、人民は国家に属したる人民にして我私すべき物にはこれなく候

一、国家人民のために立たる君にし君のために立たる国家人民にはこれなく候

（大意）
国家は先祖から子孫に伝えられるもので、自分勝手にしてはなりません。
人民は国家に属するもので、自分勝手にしてはなりません。
君主は国家と人民のために立てられているのであって、君主のための国家や人民ではありません。

そして引退後も、鷹山は治広の強い要請によって、相談役として藩政に関わり続け、50年以上におよぶ米沢藩借金完済の直前に亡くなりました。

自らの指導力に磨きをかけたいビジネスパーソンには、学ぶことの多い上杉鷹山ですが、その生涯の中でも、私が特に感銘受けたエピソードをご紹介します。

それは通称「七家騒動《しちけそうどう》」と呼ばれるもので、上杉鷹山が藩主となり改革に乗り出して6年たった1773年（安永2年）6月、鷹山の改革政策に反対する藩の重

臣7名が署名した四十五箇条の訴状が提出された、七家訴状事件が発端でした。

米沢藩首脳部は、10名から構成されていたので、そのうち7名が改革中止と改革を推進する奉行一派の罷免を求めたことは、大問題でした。

この抵抗する保守層の重臣たちへの鷹山の対処が、素晴らしいものでした。

ここから先は、童門冬二氏による『上杉鷹山の経営学』（PHP研究所）をもとに、エピソードを簡潔に示します。

四十五箇条の訴状を手にした鷹山がしたのは、まずは先代・上杉重定への確認でした。

保守層の重臣は、先代からの重用を得てきた者ばかりであり、現在も重定の支持を得てこの反逆を企てたとしたなら、それに応じた対応が必要と考えたからです。

確認の際、先代・上杉重定は激怒して、即座に7名の重臣たちに切腹させるよう主張したことで、重臣7名が先代・上杉重定の支持を得て訴え出たわけではないことが明らかになり、鷹山は対応方針を心に決めることができました。

それでも鷹山は慎重に事を運びました。次にしたのは、翌日、訴状を提出し城を退出していた重臣7名に対して使いを送り、「城に出て仕事をしてくれるように」と丁寧な要請をした一方で、先代・上杉重定を含む藩政に関わる職にある者全員を招集しました。

そしてその場で、7名からの訴状を全員に回覧させ、自らの藩政改革について、「間違っていると考えているのか、率直に言ってほしい。」と意見を求めたのです。ここで、藩政に携わる者たちの鷹山の改革への賛同を確認した上で、「明日もう一度この会議を開く。」として、一日おいてもう一度よく考え、意見が欲しいことを伝え解散しました。

翌日、鷹山はもう一度会合を開き意見を求めましたが、藩士たちの意見は変わらず、鷹山の改革に対し「決して異議はございません」との賛同の言葉を得ました。

こういった慎重な確認を経た上で、鷹山は7人の重臣に対して裁きを下したのです。

それは2名に切腹、その他の5名には隠居閉門または石高削減というものでした。全員の切腹ということではないものの、十分に厳しい裁きであったように感じます。

ここでのポイントは、若き藩主であった鷹山が、前藩主や古参の重臣たち、藩政の改革に関わる多くの藩士たちから、自らが支持を得ているのかを慎重に確認した上で、思い切った処罰を断行したことです。

そのプロセスは、ともすれば藩が崩壊するほどの事態に対する危機管理として、非常に冷静でありながら、スピーディーな素晴らしい対応です。また思い切った処罰を断行し、自らの強いリーダーシップを示す良い機会ともなったことで、いわば「雨降って地固まる」という状況を作り出すことに成功した、強いリーダーシップ発揮の事例と言えます。

また、後日談もさらに素晴らしいのです。

2年後には、

▼切腹した2名の重臣の息子に家を継がせて召し抱え、新たに200石を与えた。
▼閉門を命じた重臣に対してもそれを解き、相続人に家督を継がせるよう命じた。

これらのことも、厳しさと寛容さの両面を持つ上杉鷹山の人間性を示しています。

断固とした姿勢を示す厳しさと、多くの部下の支持を慎重に確認する繊細さや人間的な寛容さを併せ持つ上杉鷹山のリーダーシップこそ、変化の時代を導くカギとなり得るのではないでしょうか。

剣舞に触れて、心と身体が一体となった「心身一如《しんしんいちにょ》」の境地に触れる

剣舞《けんぶ》とは、正式には吟剣詩舞《ぎんけんしぶ》という、詩吟《しぎん》・剣舞・詩舞《しぶ》を合わせた総称で呼ばれる伝統芸術です。

剣舞の起源は古く、奈良・平安時代には舞楽《ぶがく》や神楽《かぐら》にその源流が見られ、中国（漢代）にも剣を持った舞いがあったと言われています。日本舞踊においても、剣で舞う演目があり、舞・舞踊に剣を用いるという点で言えば、ルーツは数百年から千年単位の歴史を持つとも言えます。

現代の剣舞は、居合道家の榊原氏が、居合道の演武に舞の要素を組み合わせたことがはじまりと言われています。現代では居合道や合気道といった武道・武術の素養と、舞楽や能、日本舞踊といった伝統的な舞の素養、さらに漢詩や和歌に

込められた武士道の素養（または武士が学んだ東洋思想・東洋哲学の素養）という三つの素養を基盤としつつ、表現力豊かな伝統芸術へと昇華したもの、と言えます。

詩舞は、日本刀を用いず表現し、合わせる音楽は剣舞と同じく和歌や漢詩を詠う詩吟となります。扇が主たる道具となりますが、舞扇を2～3本用いたり、効果的な小道具・衣装を組み合わせることで、繊細な詩情表現が可能となります。

さらに演目についても扇を主とすることで幅を広げることができ、伝統的な剣舞では表現しきれなかった優しい曲調であったり、しっとりとした静かな詩情表現を必要とする曲など、様々な演目を上演することが可能となりました。

表現する上で必要とされる繊細さは、剣舞とは違った魅力を生み出していて、さらに豊かで幅広い表現力を持つ伝統芸術と言えます。

詩吟は、漢詩や和歌に節をつけて詠います。もともと尺八や琴のみが伴奏されましたが、現代では音楽性が磨き上げられ、多彩な楽器や様々なジャンルの音楽と共に詠われています。

私が現在、数十か国のゲストが一堂に会するインターナショナル・カンファレンス等に招かれて剣舞や詩舞を舞う際には、初めてその存在を知る外国人の方にも分かりやすいよう、シンプルに「剣舞アート」と紹介するようにしています。

剣舞を、単なる刀を用いた舞踊としてソード・ダンスと訳すこともできなくはないのですが、私はそれでは適切でない、と考えています。剣舞や詩舞は、ただ拍子を刻むダンスなのではなく、詩吟に詠われる詩の意味を解釈し、それを舞いで伝える繊細かつ大胆な表現力が必要とされるものです。見た目が派手な日本刀や扇子の技術を見せるだけでなく、武士が素養とした漢詩という詩に込められた深い意味を、芸術的に表現しなければなりません。

そういう意味では、伝統舞踊というよりは、伝統芸術と称した方が似合うので、「伝統アートの一種である剣舞アート」と紹介するようにしているのです。

加えて、剣舞の動きは、武道武術の動きをベースとしていて、その鍛錬は居合道や合気道のような、武道武術で必要とされる鍛錬と同様ですし、もともと神事であった国技相撲の四股《しこ》に似た鍛錬も必須となります。

もう一点加えるのであれば、伝統的な武道武術では当然のことですが、座禅や瞑想についても、修行の一部に取り入れられています。例えば、剣道では稽古の前後に必ず「黙想」を行い、静かに目をつむる時間を設けています。これは道場によっては、「瞑想」「静座」と呼ぶ場合もあります。

当然これは修行にとって必須であり、稽古の前後に、自らの考えを整理したり、自分の意識を集中させ心の深層に触れて、新たな気づきを得る効果がある、とされています。

剣舞アートにおいても、私自身、稽古前後に同様の時間を持つようにしています。私の場合は、思考を巡らせる時間を持つこともあれば、無心に近づき精神統一を図る時間を持つこともあります。道場や流派にもよるのでしょうが、思考を巡らせる場合は「黙想」と呼び、無心となる場合は「瞑想」と呼ぶことが多いように思います。

どちらをすべきかは難しい問題ですが、瞑想や座禅については、専門の師や僧侶の指導を受けるべきだと思いますので、私は思考を巡らせ整理する「黙想」を心がけるのが良いと考えています。

そして思考を一点に集中させ、精神統一を図ることが、邪念を排しどんな場合にも動揺しない強くてしなやかな心を作り出す土台となる、と考えています。この境地は、現代のマインドフルネスに近いものがあるかもしれません。

私の場合は独自の工夫として、傍目には黙想とほぼ同じように見えますが、目を完全に閉じた上で、神経の集中を身体の部位に順番に移動させていき、自らの正中線（身体をまっすぐに貫く直線）にズレが生じていないかのセルフチェックも実施しています。

心静かに身体の各部位に注意を注ぐこの時間は、私にとっては自らの身体の状態を知る、貴重な修行時間となっています。

他に、伝統芸術ならではの修行として、型稽古があります。

型は日本の伝統文化独特の考え方と言われていますが、先人が到達した研ぎ澄まされた心身の領域を目指すために、先人の知恵の結晶である型を、何千回・何万回・何十万回と繰り返して鍛錬を行います。

果てしない繰り返しの先には、心身一如の世界が広がっています。

型稽古の素晴らしいところは、一定の到達点を超えると、定められた型の中に無限の自由の領域が広がっていると感じられるようになることです。

定められた型の徹底的な習得が基盤となって、どのような場合にも対応できる自在の境地を感じられるようになる。それが型稽古の目指すところです。心を研ぎ澄ましながら、武道武術の素養を身に付け武士道の体現を目指す。

その上で芸術的な表現力の習得にも挑戦する剣舞アート（吟剣詩舞）の世界は、心と身体をともに鍛え上げる、まさに心身一如《しんしんいちによ》の世界観を持っています。

かつての武士たちも剣禅一如《けんぜんいちによ》、つまり剣の究極の境地を禅の境地と同じと捉え、「無念無想」の澄み切った心境に達することを目指した、と言われています。そういう意味では、かつて剣の道を志した武士たちの目指した精神世界を、剣舞アーティストも目指して修練を重ねている、と言えるでしょう。

おわりに

私と武士道との出会いは、西郷隆盛がきっかけでした。

私が10歳の頃、剣舞を習い始めてまだ3年の頃でした。

当時私は、難関と言われた全国剣詩舞《けんしぶ》コンクールに挑戦していました。

このコンクールでは、年齢別のカテゴリーごとに、演者の技量が競われます。

審査は、フィギュアスケートの採点に近いイメージで、主に芸術性や技術性（練磨度を含む）という観点で採点され、審査員の合計点で順位が決まります。

日本全国の剣詩舞各流が加盟する公益財団法人日本吟剣詩舞振興会からカテゴリーごとにいくつかの課題曲が示され、師匠と相談のうえ一曲を選んでエントリーします。

一曲は2分半ほどで、全国コンクールは県予選・地区予選・全国大会と3段階の勝ち抜き制ですので、およそ半年間をかけて最大合計3回×2分半＝合計7分半の演舞に、すべてをかけて臨みます。

10歳の私は、周囲の圧倒的不利の声をよそに、日本一を目指していました。一年間、徹底的な稽古をしたことで足の皮は擦り切れ、血を流しながらの修練を続けていました。**「稽古量は、才能を超える」**を合言葉にして、自らの才能の無さを顧みず、ひたすら稽古に励む日々でした。

その時師匠からいただいた演目が「城山《しろやま》」でした。**これは西郷隆盛が西南戦争の最後の戦いに敗れ、自害するシーンを描いています。**演舞はすべて西郷隆盛の一人称で振り付けられ、演者は西郷隆盛になりきって、その心境を描き切ることが求められます。

当時、幕末期の知識が皆無に近かった私にとって、まずその背景を知ることから始めなければなりませんでした。師匠から振り付けをいただき、その意味を一つひとつ確認して身体に覚えこませつつ、その背景にある西郷隆盛の人物像や幕末期から明治維新にかけて、何がこの国で起こったのか、なぜ西郷隆盛は死ななければならなかったのか、様々な疑問が湧き、子供向けの日本史教材を図書館で借りては読み、自分なりに解釈し、演舞に盛り込んでいきました。

西郷隆盛が「武士道の究極の理想像と言われている」ということや、「稲盛和夫という名経営者が心酔した人物」などということは、その頃の私には知る由もありませんでしたが、日本という国や仲間を思う心から戦うことになった「熱い人」というイメージを強く持つこととなりました。

ですから、最後に切腹して果てるシーンは、その思いがほとばしるような、**「静かなのに熱い」、つまり演者としては最高難度の演技が求められることだけは分かりました。**

半年間をかけて西郷隆盛と向き合い、激しく戦い、敗れ、最後には切腹して果てる演技を繰り返しました。一日に数十回の死に挑み、その瞬間何を感じたかを自問自答し、その稽古を何千回・何万回繰り返したか分かりません。

まさに「死に向かって生きること」や「死ぬ瞬間に何を想うか」を必死に想像しながら、その魂の輝きの表現に、毎日向き合い続けていたのです。

最初は、死ぬ時は「痛そうだな」「辛そうだな」という単純な表現だった演舞が、「死ぬ瞬間って『走馬灯のように』色んなことが思い浮かぶらしい。だとしたら、どんな表情をするのか？」「もしかしたら想いは一つの種類だけじゃないのかもしれない」など、盛り込む演技が複雑化していき、どこに行き着くのか自分でも分からない状態になっていきました。

その過程から浮かび上がってきたのは、死ぬことの意味ではなく、常に死と隣り合わせのぎりぎりの状況を、全力で生き抜こうとする生き方であり、西郷隆盛は常にその覚悟を持って生きてきた人だった、という確信でした。幾千・幾万と死に至る生の激しさを身体に染み込ませた演技は、幸いなことに評価をいただき、その年の予選を勝ち抜き、全国大会で日本一となり、文部科学大臣賞（当時は正確には文部大臣賞）を受賞することができました。

そして後に私は、西郷隆盛が武士道の理想像と言われていること、死に至るまで生きる激しさを持って日常を生きることが「武士道」と言われるということを、知ることになります。

「西郷隆盛って武士道の人だったのか」

演じ終えて何年も経ってから、そんなことを知ったのでした。西郷隆盛が、身近な存在に感じられるようになったことを覚えています。

ですから、私の武士道の原点は西郷隆盛にあり、その魂への憧れがさらに武士道を知りたいという思いの源泉になっています。さらに、西郷隆盛の生き方・武士としての在り方を、深く学びながら生きて行きたいと強く思っています。

ここに私が追い求めてきた世界の一部が、初めて自らの文章で皆さまの目に触れることになりました。武士道という果てしない世界をどのくらいお伝えできているのか、確信はありませんが、できる限り分かりやすく日常に活かしていただくことを念頭に、精一杯執筆しました。

少しでも武士道を身近に感じ、日々を輝かせるために実践してみようと感じていただける部分がありましたら幸いです。

最後に、本書が生まれるまでに多大なるお力添えをいただいた皆さまに、心より御礼申し上げます。

編集を担当下さった自由国民社三田智朗編集長のお力がなければ本書は生まれませんでした。ネクストサービス株式会社代表取締役松尾昭仁様・大沢治子様には、惜しみないアドバイスによりお支えいただきました。

ＪＡあいち経済連田中徹代表理事理事長・河合成典管理担当常務をはじめとする全役職員の皆さまには、30年間という長きにわたりご指導いただいき、その間に培った協働の精神・大義に身を捧げる志が、今日の私の礎となっています。

天辰神容流吟剣詩舞道家元杉浦容楓先生・二代目宗家杉浦英容先生には、40年以上にわたりご指導いただき、拙い私に「武士道精神や伝統芸術の何たるか」をお教えいただきました。

誠にありがとうございました。
そして最後に、私を支え続けてくれた妻に、心より感謝を捧げます。ありがとう。

安藤聖笙

【参考文献】

『武士道の名著―日本人の精神史』山本 博文著（中央公論新社）
『刀と日本語』調所 一郎著（里文出版）
『上杉鷹山の経営学』童門 冬二著 （ＰＨＰ研究所）
『代表的日本人』内村 鑑三著、鈴木 範久（翻訳）（岩波書店）
『武士道』新渡戸 稲造著、奈良本 辰也（翻訳）（三笠書房）
『本当の武士道とは何か』菅野 覚明著（ＰＨＰ研究所）
『武士道の逆襲』菅野 覚明著（講談社）
『日本人の誇り「武士道」の教え』志村 史夫著（ワニブックス）
『葉隠』奈良本 辰也（翻訳）（三笠書房）
『葉隠入門』三島 由紀夫著（新潮社）
『日本人の知らない武士道』アレキサンダー・ベネット著（文藝春秋）
『戦略は歴史から学べ』鈴木 博毅著（日本経済新聞出版）
『家康の経営戦略 国づくりも天下泰平もカネ次第』大村 大次郎著（秀和システム）

『家康はなぜ、秀忠を後継者にしたのか』加来　耕三著（ぎょうせい）
『徳川家康の経営学』童門　冬二著（学陽書房）
『武田家滅亡に学ぶ事業承継』北見　昌朗著（幻冬舎）
『上杉謙信に学ぶ事業承継』北見　昌朗著（幻冬舎）
『織田信長の経営塾』北見　昌朗著（講談社）
『リーダーの指針「東洋思考」』田口　佳史著（かんき出版）
『ぶれない軸をつくる東洋思想の力』田口　佳史著、枝廣　淳子著（光文社）
『なぜ今、世界のビジネスリーダーは東洋思想を学ぶのか 史上最高のビジネス教養「老子」「論語」「禅」で激変する時代を生き残れ』田口　佳史著（文響社）
『佐藤一斎「重職心得箇条」を読む』安岡　正篤著（致知出版社）
『最強の人生指南書』齋藤　孝著（祥伝社）
『言志四録(1)　言志録』佐藤　一斎著、川上　正光著（講談社）
『言志四録(2)　言志後録』佐藤　一斎著、川上　正光著（講談社）
『言志四録(3)　言志晩録』佐藤　一斎著、川上　正光著（講談社）
『言志四録(4)　言志耋録』佐藤　一斎著、川上　正光著（講談社）
『佐藤一斎一日一言』渡邉　五郎三郎（監修）（致知出版社）

『真釈　佐藤一斎重職心得箇条』深沢　賢治著、石川　梅次郎（監修）（小学館）
『兵法三十六計』守屋　洋著（三笠書房）
『「甲陽軍鑑」を読む』土橋　治重著（三笠書房）
『伝説の外資トップが感動した「葉隠」の箴言』新　将命著（致知出版社）
『歴史の使い方』堺屋　太一著（講談社）
『耆に学ぶ』清水　克衛著　執行　草舟著　吉田　晋彩著　西田　文郎著
寺田　一清著（エイチエス）
『世界のビジネスエリートが知っている教養としての茶道』竹田　理絵著
（自由国民社）
『日本の美意識』宮元　健次著（光文社）
『五輪書』宮本　武蔵著、渡辺　一郎（編さん）（岩波書店）
『五輪書』鎌田　茂雄訳注、宮本　武蔵（原名）（講談社）
『ビジネスマンのための宮本武蔵 五輪書』谷沢　永一著（幻冬舎）
『世界の知性が語る「特別な日本」』会田　弘継著（新潮社）

本書をお読みくださり、さらに武士道を学んでみたいと思われた方にお役に立てればと動画を用意しました。武士道の名著のご紹介、武士道を体現する伝統アート剣舞の鑑賞をはじめ、今後皆さまが武士道を深く学んでいただくために、知っておいていただくとよいポイントを、動画でわかりやすくご紹介します。

下記、URLまたはQRコードよりお申し込みください。

http://www.denshow.org/book1/

著者プロフィール

安藤聖笙

あんどうせいしょう

全国剣詩舞コンクール優勝（日本一）7回、文部科学大臣賞受賞4回、剣舞アーティスト、武士道エバンジェリスト、一般社団法人日本伝統文化伝承プラットフォーム代表理事、天辰神容流吟剣詩舞道　上席師範、名古屋商科大学大学院　経営学修士（MBA)、㈱リードクリエイト　シニアコンサルタント、ビジネスモデル・デザイナー（シェアブレイン・ビジネススクール認定)、日本プロフェッショナル講師協会　認定講師

愛知県岡崎市に生まれ、幼少期より武士道を体現し武道の流れを汲む伝統芸能である「剣舞（けんぶ)」に45年間親しんでいる。公益財団法人日本吟剣詩舞振興会主催全国剣詩舞コンクール優勝(日本一)7回・文部科学大臣賞受賞4回を数え、現在は師範位として最高位にあたる上席師範に任ぜられている。

愛知県立岡崎高等学校、南山大学経営学部経営学科卒業後は、地元農業という伝統産業を守り支える使命を感じ、伝統と経営の両立に貢献すべく、主に地元農畜産物流通を手掛ける年取扱高3,000億円・従業員数1400名のJAあいち経済連(愛知県経済農業協同組合連合会)に入会した。現在までに、米穀部門(米・麦・大豆)にて大手コンビニエンスストアや外食チェーン、量販店への法人営業担当など17年間、人事部にて採用、研修、人事制度構築、メンタルヘルス担当として13年間を過ごした。採用面接延べ人数は2,000名を超え、メンタルヘルス不調者の支援は延べ100名以上に及ぶ。

40歳を超え、マネジメントを体系的に学び直す必要性を感じ、名古屋商科大学大学院に入学し、2018年MBAを取得。伝統文化界と伝統産業である農業界の両方に長く身を置いた経験を活かし、成熟業界のビジネスモデル・イノベーションを主な研究テーマとした。在学中に、ジャパン・ビジネスモデル・コンペティション(JBMC) 2018に出場し、日本伝統文化界にイノベーションを起こす新たなビジネスモデルによって、全国大会セミファイナルへの進出を果たした。

現在は一般社団法人日本伝統文化伝承プラットフォームを設立し代表理事に就任。同理事には元松竹プロデューサーにして累計販売50万部以上のビジネス書著者である名古屋商科大学大学院准教授小山龍介氏を迎えた。

「伝統から学ぶ者だけが未来を手にする。文化が現在を創り、伝承が未来を創る。」という理念のもと、和の伝統文化体験サービスを展開。あわせて和魂洋才を学び実践するサイバーユニバーシティ『傳承大学』を創設し、武士道をはじめとする伝統的な教えを伝授している。

装丁・本文デザイン　上坊菜々子
DTP　株式会社シーエーシー
編集担当　三田智朗

世界のビジネスエリートが熱くなる
教養としての武士道

2024年5月1日　初版第1刷発行

著　者　安藤聖笙
発行者　石井悟
発行所　株式会社自由国民社
〒171-0033
東京都豊島区高田3丁目10番11号
電話　03-6233-0781（代表）
https://www.jiyu.co.jp/
印刷所　株式会社光邦
製本所　新風製本株式会社